Otto Eduard Schmidt

Die letzten Kämpfe der römischen Republik

Otto Eduard Schmidt

Die letzten Kämpfe der römischen Republik

ISBN/EAN: 9783743414044

Hergestellt in Europa, USA, Kanada, Australien, Japan

Cover: Foto ©ninafisch / pixelio.de

Manufactured and distributed by brebook publishing software (www.brebook.com)

Otto Eduard Schmidt

Die letzten Kämpfe der römischen Republik

DIE LETZTEN KÄMPFE
DER
RÖMISCHEN REPUBLIK.

ERSTER TEIL.

HISTORISCHE STUDIEN

von

OTTO EDUARD SCHMIDT.

BESONDERER ABDRUCK AUS DEM DREIZEHNTEN SUPPLEMENTBANDE DER JAHRBÜCHER
FÜR CLASSISCHE PHILOLOGIE.

LEIPZIG,
DRUCK UND VERLAG VON B. G. TEUBNER.
1884.

Die Seitenzahlen sind die des dreizehnten Supplementbandes der Jahrbücher für classische Philologie.

Inhalt des ersten Teiles.

	Seite
Einleitung	665
I. Capitel: Nicolaus Damascenus und Suetonius Tranquillus	666—687
II. Capitel: Die Gesetzgebung über die acta Caesaris	687—699
III. Capitel: Provinzen und Legionen	700—722

Zeichen:

SC = senatus consultum.
SC_1 = SC de actis Caesaris confirmandis.
SC_2 = SC ne qua post Idus Martias immunitatis tabula neve cuius beneficii figeretur.
SC_3 = SC ut consules cum consilio quae Caesar statuisset, decrevisset, egisset Kalendis Iuniis cognoscerent, statuerent, iudicarent.
lex d. a. C. c. = lex Antonia de actis Caesaris confirmandis.
lex d. pr. c. = lex de provinciis consularibus.
lex d. perm. pr. = lex Antonia Cornelia de permutatione provinciarum.
Cic. A = Ciceronis epistulae ad Atticum.
Cic. F = Ciceronis epistulae ad familiares.
Dr. = Drumann, Geschichte Roms u. s. w. Königsberg 1834—1844.
P. = Carl Peter, Geschichte Roms.
RA = L. Lange, Römische Altertümer.

Wer sich über die Ereignisse des kurzen Zeitraumes von der Verschwörung gegen Caesar bis zum zweiten Triumvirate gründlich orientieren will, wird weder aus einer der vorhandenen Quellen, noch aus den darauf basierenden Darstellungen eines Drumann, Peter, Lange, Schiller etc. eine in allen wichtigeren Punkten befriedigende Aufklärung schöpfen. Denn die Forschung über diesen zwar kleinen, aber wegen der Fülle der auftretenden Personen und wegen ganz besonderer Verkettung der Parteiverhältnisse hochinteressanten Teil der römischen Geschichte ist weit davon entfernt, zu irgend einem Abschlusse gekommen zu sein. Nicht etwa, dass für diese Zeit aus den Inschriften noch besonders viel Neues zu erwarten sei, wiewohl auch für diesen Abschnitt der römischen Geschichte manche Einzelheit durch neuere epigraphische Funde genauer festgestellt worden ist[1]) — sondern sogar ein Teil der seit einem halben Jahrtausend der gelehrten Welt wiedergeschenkten Dokumente, die uns in Ciceros Briefen erhalten sind, liegt noch immer ohne feste chronologische Ordnung, teilweise auch in anderer Hinsicht unerforscht da.[2]) Die griechischen Historiker aber, welche die genannte Zeit behandeln, werden hinsichtlich ihres Wertes so verschieden beurteilt, dass schon aus diesem Grunde dem Geschichtschreiber, falls diese Quellen von einander oder von Cicero abweichen, das Urteil sehr erschwert ist. Die folgenden Studien sollen erstlich einige Bausteine zu festerem Urteile über die Quellen herbeischaffen, dann aber die hauptsächlichsten Controversen unter den neueren Bearbeitern dieses Geschichtsabschnittes durch zum Teil neue Combinationen zu lösen suchen.

---

1) Cf. p. 688.   2) Durch die Arbeiten von B. Nake 'De Planci et Ciceronis epistulis'. Berlin 1866. 'Der Briefwechsel zwischen Cicero und Dec. Brutus', Jhb. Suppl. VIII, 642 f. L. Gurlitt 'Der Briefwechsel zwischen C. und D. Brut.' Jhb. 1880, 609, sowie des Verfassers Dissertation 'De ep. et a Cassio et ad Cassium post Caesarem occisum etc.' Leipzig 1877 sind zwar Ciceros Briefwechsel mit Plancus, Dec. Brutus, Cassius und M. Brutus auf ihren chronologischen und historischen Gehalt durchforscht, doch warten die mit Lepidus, Trebonius, C. Asinius Pollio, Cornificius u. a. ausgetauschten Briefe, ebenso die hierhergehörigen Briefe des Atticus meines Wissens noch immer auf ihren Bearbeiter.

Erstes Kapitel.
Nicolaus Damascenus und Suetonius Tranquillus.

Je länger ich die Quellen zur römischen Geschichte von Caesars Ermordung bis zum Triumvirat des Antonius, Lepidus und Octavianus studierte, um so unumstösslicher ist mir die Gewissheit geworden, dass Ciceros Briefe und Reden trotz ihrer oft tendenziösen Färbung als Hauptquelle anzusehen sind. — Ebenso gewiss ist es freilich, dass uns Cicero trotz seiner 14 Philippischen Reden und trotz seiner ausgedehnten Correspondenz nicht alles überliefert, was wir zu einer zusammenhängenden Darstellung brauchen; denn die Briefe an Atticus z. B. dürfen nicht als ein volles Spiegelbild der Ereignisse in der Hauptstadt angesehen werden, weil sie eben nicht die Berichte des Atticus, sondern nur Ciceros oft unvollständige, oft dunkle Antworten enthalten. Für den Historiker wäre es besser, wir hätten statt der Briefe Ciceros aus dieser Periode die des Atticus. Zu Ciceros Freunden in den Provinzen aber wurden vom Senate officielle Berichte über alle Staatsacte geschickt[1]), sodass sich der vielbeschäftigte Redner in seinen Briefen ausführliche Referate, die für uns unschätzbar wären, ersparte und dafür mehr gute Ermahnungen zur Treue gegen Republik und Senat hineinschrieb. Demnach ist es unmöglich, die Geschichte jener Zeit einzig und allein auf Cicero aufzubauen[2]), und es fragt sich, wodurch Cicero zu ergänzen sei.

Appian, Plutarch, Cassius Dio — das sind die Namen, denen man in den Schriften über die Geschichtsquellen jener Zeit begegnet. Bis in die neueste Zeit hat sich das Urteil, welches der hochverdiente Drumann über die drei genannten Griechen gefällt hat, eine gewisse Autorität bewahrt. Drumann sagt B. I p. 81: „Wie kein anderer unter denen, welche hier in Betracht kommen, hat Appian die Charaktere durchschaut und die Erscheinungen auf ihre Quellen

---

1) Cic. ad M. Brut. II, 1, 3: acta quae sint quaeque agantur, scio perscribi ad te diligenter. 2) P. Krause hat trotzdem den Versuch gemacht, mit Cicero allein auszukommen; es wird aber unten p. 700 f. gezeigt werden, in welche Irrtümer er dabei verfallen ist.

zurückgeführt; wo Dio schwatzt, und Plutarch als ein guter Beobachter schildert, da bewährt er meistens den tiefen Denker, aber die Zeiten hat er mehr als einmal verwechselt." Ich muss gestehen, dass ich in diesem Urteile über Appian, obgleich es noch von manchen Gelehrten unserer Zeit unterschrieben werden dürfte[1], eine beträchtliche Überschätzung dieses Schriftstellers finde, hinter dessen scheinbar tiefen Reflexionen sich öfters schwerer Irrtum oder eigne Unklarheit über die Dinge, die er uns erzählen will, verbirgt. Zum Beweise dienen die Vorwürfe, die schon früher von K. Peter[2], neuerdings von P. Krause[3] gegen Appian erhoben worden sind, obwohl der erstere in Einzelheiten irrt, der letztere etwas über das Ziel hinausschiesst.[4]) — Dazu kommt, dass durch G. Thouret's scharfsinnige Untersuchung[5]) die Ansicht, welche dem Appian bisher den allermeisten Nimbus verlieh, nämlich dass er den verlornen Asinius Pollio repräsentiere, wenigstens für das zweite Buch seiner Bürgerkriege hinfällig geworden ist. Nicht Asinius Pollio selbst, sondern ein ziemlich mangelhafter griechischer Auszug aus Asinius Pollio war Appians Vorlage für den Bürgerkrieg zwischen Caesar und Pompejus und für die Zeit der Verschwörung. Für die Geschichte von Caesars Ermordung bis zur Schlacht bei Philippi ist Thouret, obwohl er die Frage offen lässt, nicht abgeneigt, neben der Benutzung andrer Quellen durch Appian auch die Heranziehung des echten Asinius Pollio anzunehmen.[6]) Aber damit geschieht dem Appian zu viel Ehre. Gab es griechische Quellen, so waren ihm diese natürlich bequemer. Und warum hätte sich das griechische Excerpt aus Asinius Pollio nicht ebensoweit erstrecken sollen, als das Original, nämlich bis zur Schlacht bei Philippi? Ich glaube überhaupt nicht, dass Appian viel in lateinischen Originalen studiert hat; denn z. B. sein Citat aus den Denkwürdigkeiten des Augustus IV, 110 .. τὸ cτρατόπεδον ἐξεῖλον, ὃ κοινὸν ἦν Ἀντωνίῳ τε καὶ Καίcαρι, Καίcαροc αὐτοῦ δι' ἐνύπνιον ἔνδον οὐκ ὄντοc, ἀλλὰ φυλαξαμένου τὴν ἡμέραν, ὡc αὐτὸc ἐν τοῖc ὑπομνήμαcιν ἔγραψεν, das manche bestimmte, eine Benutzung dieser Commentare durch Appian anzunehmen, wird sehr verdächtig, da Plutarch bei derselben Gelegenheit schreibt Anton. 22, 2 .. ὡc δ' αὐτὸc ἐν τοῖc ὑπομνήμαcι γέγραφε, τῶν φίλων τινὸc ὄναρ ἰδόντοc ἀνεχώρηcε πρὸ τῆc μάχηc. Ohne Zweifel haben wir es bei Plutarch sowohl, wie bei Appian mit einem Aftercitat aus einer secundären, griechischen Quelle zu thun. Ebenso wird Appian wohl auch statt

---

1) Ranke, 'Weltgeschichte' III 2, p. 236; H. Schiller, 'Geschichte der römischen Kaiserzeit' I p. 3. Gotha 1883. 2) Philol. VIII (1858) p. 429 f. 3) P. Krause, 'Appian als Quelle für die Zeit von der Verschwörung gegen Caesar bis zum Tode des Dec. Brutus' Teil I u. II. Rastenburg 1879 u. 1880. 4) Cf. p. 701 f. 5) G. Thouret, 'De Cicerone, Asinio Pollione, C. Oppio etc.' Leipzig Stud. B. I p. 303—360. 6) L. l. p. 345.

der Commentare des Messala und statt der Briefe des Antonius und Octavian (cf. III, 97) eine griechische Quelle, in welcher diese lateinischen Originale benutzt und citiert waren, in die sich aber auch bereits manche Fehler miteingeschlichen hatten, ausgeschrieben haben. Zu dieser Annahme nötigen uns fast die Irrtümer und Verwirrungen, die wir, soweit sich Appian durch Cicero controlieren lässt, im III. Buche allenthalben finden. Ich erwähne beispielsweise nur zwei Punkte, die von Peter nicht genügend hervorgehoben sind: 1. Cicero verliess Rom bekanntlich a. 44 um die Nonen des April und kehrte erst am 1. Sept. dahin zurück. Nach Appian aber (III, 4, 22. 55) ist Cicero während des Sommers 44 in Rom anwesend und stimmt im Senate mit für die Verleihung Macedoniens an Antonius. — 2. Wir wissen, dass der auf Antonius Antrag gefasste, späterhin durch ein Gesetz bestätigte Senatsbeschluss de dictatura in perpetuum tollenda noch unter Ciceros Mitwirkung, also vor den Nonen des April a. 44 zu stande kam. Appian (III, 25) bringt den Antrag des Antonius de dictatura in perpetuum tollenda in Zusammenhang mit seinen Gelüsten nach den macedonischen Legionen. Denn besonders durch diesen Antrag des Antonius wird der 'einfältige' Senat nach Appian von seiner loyalen Gesinnung so fest überzeugt, dass er ihm die Legionen giebt, und zwar in einer Zeit, als Antonius mit Hilfe der gefälschten Verfügungen Caesars und seiner Leibwache längst offenkundig die Alleinherrschaft ausübte.[1])

Derartige Unwahrheiten konnte doch weder der von Horatius gepriesene Asinius Pollio, noch Augustus den Zeitgenossen der Ereignisse auftischen — sie stammen entweder aus secundären Quellen, in denen die Geschichte zu Gunsten des Antonius gefälscht war, oder wir müssten, was das Unwahrscheinlichere ist, den Appian selbst für den Fälscher halten. Jedenfalls aber zwingen uns solche Verzerrungen der Wahrheit, wie die obenerwähnten, nicht nur der Chronologie der Ereignisse bei Appian, sondern auch dem dazwischen hergestellten Pragmatismus und dem in den langatmigen Reden enthaltenen Raisonnement sehr skeptisch entgegenzutreten. Solche Entstellungen sind auch keine blossen 'Ungenauigkeiten, welche gegen die Vorzüge des Werkes zurücktreten', wie Hermann Schiller[2]) meint, sondern die Kunst des Forschers kann sich bei

---

1) Cf. p. 715 f.
2) Geschichte der Römischen Kaiserzeit I p. 3: 'Unter den antiken Quellen für diese Periode (Vorbereitung des Triumvirats und das Triumvirat) nimmt durch die Reichhaltigkeit seiner Nachrichten, seine politische Bildung, seine Wahrheitsliebe und sein politisches Urteil, endlich durch seine pragmatische Auffassung Appian in seiner Geschichte der Bürgerkriege unbedingt den ersten Rang ein.' Wie der neueste Bearbeiter dieser Epoche nach den Schriften Peters und Krauses über Appian zu diesem Urteile gelangt sein mag, ist mir nicht leicht begreiflich. Meiner Ansicht nach haben die ersten Teile des geistreichen Buches durch allzugrosse Anlehnung an Appian etwas an Wert verloren.

Appian, wenigstens soweit Cicero vorhanden ist, darauf beschränken, aus dem rhetorisch zugestutzten Ganzen die mehrfach vorkommenden speciellen Notizen[1]), welche zwar durch mehrere Federn hindurch, immerhin aber auf gute Originalquellen zurückgehen, herauszufinden und zu benutzen — aber die gesammte Darstellung Appians für die Zeit von der Verschwörung gegen Caesar bis zum Ende des mutinensischen Krieges zur Grundlage einer modernen Historiographie zu machen, heisst ein Princip aufstellen, welches entweder nicht befolgt werden kann[2]), oder zum Irrtum verleiten muss.[3])

Die meisten Vorwürfe, die gegen Appian erhoben werden mussten, gelten leider auch gegen Plutarch, soweit er überhaupt in Betracht kommt, und gegen Cassius Dio. Erstlich hat Plutarch über dem persönlichen Interesse seiner Helden das Allgemeine viel zu sehr vergessen, als dass man bei ihm gründliche Belehrung über die Zeit suchen könnte. Wo aber Plutarch zur Ergänzung Ciceros herangezogen werden könnte, fusst er wahrscheinlich auf denselben fehlerhaften, griechischen Excerpten[4]), aus welchen auch Appian schreibt. — Bei Dio endlich überwiegt der Rhetor den Geschichtschreiber bedeutend, und die Chronologie ist ebenso verwirrt wie bei Appian. Wenn aber Büdinger[5]) zu erweisen sucht, dass die Reden des Cicero und des Calenus bei Dio (XLV, 17—47; XLVI, 1—28) aus dem Geschichtswerke des Asinius Pollio übersetzt seien, so ist diese Ansicht zum mindesten nicht wahrscheinlich; wenigstens kann ich dem Asinius Pollio, der mit Cicero in Verkehr stand (cf. Cic. ad Fam. X, 31, 32, 33), nicht zutrauen, dass er sich den Cicero bei der Verleihung von Macedonien und Gallien samt den Legionen an Antonius im Senate als mitwirkend gedacht hätte. Meiner Ansicht nach rühren diese Reden trotz ihrer Leidenschaft von Rhetoren her; aber sie sind aus verhältnismässig früher Zeit und enthalten manches Brauchbare, weil sie teilweise auf guten Quellen ruhen.[6]) Im Ganzen jedoch sind die Nachrichten Dios weder reichhaltiger, noch besser beglaubigt, als die Appians oder des Plutarch — ja die Erzählungen der drei Autoren sind einander so verwandt, dass man — cum grano salis — das, was sie zusammengenommen berichten, als eine Tradition betrachten kann. Das Endurteil über diese jüngere griechische Tradition kann nur dahin lauten, dass dieselbe im grossen Ganzen eine ziemlich verderbte ist.

Darnach kann gar nicht geleugnet werden, dass wir trotz der scheinbar ausführlich fliessenden Berichte des Appian, Plutarch, Cassius Dio da, wo Cicero schweigt, in recht übler Lage sind. Aber

---

1) Cf. p. 702, 717, 719, 722. 2) Schiller I p. 12, Anm. 5; p. 13, 6; p. 14, 4; p. 19, 2; p. 24, 4; p. 25, 3; p. 26, 1; p. 27, 8; p. 28, 1; p. 36, 2; p. 37, 5 u. s. w.   3) l. l. p. 21, 5, 6; p. 22, 1; p. 26, 2; p. 28, 5; p. 29, 5 u. s. w. Die Beweise dafür s. p. 692 f; p. 716 f.; p. 714; Nicol. Damasc. c. 29.   4) Thouret p. 338—343; H. Peter p. 130 ff., 136 f.   5) 'Cicero und der Patriciat' Wien 1881 p. 8—28.   6) Cf. p. 716, 717.

über einen Teil des zu behandelnden Zeitraumes wenigstens, nämlich über die Geschichte der Verschwörung und das erste Auftreten Octavians werden wir durch einen griechisch schreibenden Zeitgenossen der Ereignisse besser unterrichtet. Und liefern uns die Fragmente des Nicolaus Damascenus auch nicht einmal für diese kurze Zeitspanne ein ununterbrochenes Bild, da es eben Fragmente sind, so müssen sie doch schon um der Gerechtigkeit willen als zeitgenössische Tradition im Gegensatz zu den bisher überschätzten späteren Griechen einmal in helleres Licht gesetzt werden.

Diesem Zwecke dienen die folgenden Blätter.

Nicolaus Damascenus[1]) war als Kind reicher, wahrscheinlich jüdischer Eltern zu Damascus um das Jahr 64 v. Chr. geboren, ist also durchaus als Zeitgenosse des a. 63 geborenen Octavian zu betrachten. Nachdem er sich in seiner Jugend mit grammatischen und philosophischen Studien beschäftigt hatte, wandte er sich später ganz dem Studium der Gelehrsamkeit des Aristoteles zu, dessen Vielseitigkeit zu erreichen sein höchstes Ideal war. Von seinen mittleren Jahren an scheint ihn jedoch vorwiegend das Studium der Weltgeschichte beschäftigt zu haben. Frühzeitig war er an den Hof des Königs Herodes gekommen, mit dem er in die nächsten Beziehungen trat. Wichtiger für uns ist sein Zusammentreffen mit Augustus. Er begleitete den Herodes nach Rom zum Kaiser, und als Herodes wegen eines Einfalls in Arabien angeklagt war, reiste Nicolaus a. 8 v. Chr. abermals nach Rom und verteidigte die Sache seines Königs so geschickt vor Augustus, dass er dessen Gunst erwarb und behielt. Nach Herodes Tode reiste er wiederum a. 4 v. Chr. als Botschafter des Archelaos nach Rom. Ob er darnach überhaupt wieder nach Asien zurückkehrte, ist mir zweifelhaft, da er seinen Lebensabend in Rom verbracht zu haben scheint.

Das grösste Werk des Nicolaus, eine in 144 Büchern abgefasste Universalgeschichte[2]), ist für unsere Zwecke nicht von Belang, weil wir keine bezüglichen Fragmente davon besitzen. Um so wichtiger ist für uns der sehr umfangreiche — die Fragmente bilden bei Müller 28 Seiten Text — Βίος Καίσαρος, welcher die Lebensgeschichte des Augustus, in den Rahmen der Zeitgeschichte gefasst, enthielt. Man besass davon seit Valesius aus dem Originalcodex der Constantinischen Excerpte der Bibliothek zu Tours einen Auszug in 15 Kapiteln, der von Octavians frühester Jugend bis zu seiner Heimkehr aus dem hispanischen Kriege reicht. Der zweite, wichtigere Teil aber, von Octavians Aufenthalt in Apollonia bis zu seiner Rüstung gegen Antonius (November 44), aus 16 sehr umfangreichen Kapiteln bestehend, wurde aus einem Papiercodex des Escorial für

---

1) Cf. Müller 'Fragm. hist. Graec.' III p. 343—347. L. Dindorf, Jhb. 1869 p. 107 f.   2) Cf. L. Dindorf l. l.

Karl Müller abgeschrieben und von diesem zum erstenmale im III. Bande der Fragmenta historicorum Graecorum p. 427—456 herausgegeben.[1]) Diese Fragmente zerfallen in fünf Hauptteile:

I) Cap. 1—12: Octavians Jugend bis zu seinem Aufenthalte in Carthago Nova (a. 45 v. Chr.).

II) Cap. 13—15: Octavians Adoption durch Caesar bis zu seiner Aufnahme in den Patriciat.

III) Cap. 16—18: Von Octavians Reise nach Apollonia bis zu seiner Rückkehr nach Italien und seinem Aufbruche von Brundisium nach Rom.

IV) Cap. 19—27: Excurs über die Verschwörung gegen Caesar und Caesars Tod.

V) Cap. 28—31: Der Streit des M. Antonius und des Octavian bis zur Rüstung des letzteren (Nov. 44).

Dass die Urteile der Gelehrten über den Βίος Καίcαροc, so lange man nur den von Valesius herausgegebenen Bruchteil des Werkes (Cap. 1—15) kannte, im Ganzen recht absprechend lauteten[2]), ist mir nach Sprache und Inhalt dieser Fragmente erklärlich. Trotzdem hat es einzelne Verteidiger[3]) derselben gegeben, und eine genaue Vergleichung dieser Nachrichten mit gewissen Briefen Ciceros, sowie mit Suetonius wird später zeigen, dass dieselben historischen Wertes nicht entbehren. — Dagegen erscheint es mir wunderbar, dass nach der Herausgabe der grossen escorialischen Fragmente durch Müller der Βίος Καίcαροc bei der regen Arbeit, die sich in den letzten Jahrzehnten auf dem Gebiete der römischen Geschichtschreibung und Quellenkunde bemerklich machte, keine bessere Würdigung erfahren hat, als dass F. Bürger in einer Bonner Dissertation 1869 'De Nicolai Damasceni Fragmento Escorialensi quod inscribitur Βίος Καίcαροc' nachzuweisen versuchte, diese Lebensbeschreibung sei zwar Geschichte, aber nicht Geschichte im strengeren Sinne, sondern ein auf Augustus eigne Veranlassung verfasstes Werkchen, das die Orientalen in griechischer Sprache über die Ruhmesthaten des Kaisers aufklären sollte. Zu diesem Zwecke habe Nicolaus öfters die Thatsachen völlig verändert und sei mit Bewusstsein von der Wahrheit abgewichen.

---

1) Ausserdem ediert von N. Piccolos, Paris 1849, 1850. Feder, excerpta e Polybio cet. Pars III, Darmstadt 1850 und L. Dindorf, Historici Graec. min. Vol. I, Lips. 1870. 2) Hugo Grotius, ep. 264 ad Nic. Peirescium: 'Opus vere non historicum, sed declamatorium, quo cuncta in illum contulit, quae de recte formandis adolescentibus excogitari possunt quaeque valent exprimere felicem indolem.' cf. Egger 'Sur les historiens d'Auguste' p. 104 f. 3) Cf. Orelli 'Nicol. Damasc. histor. excerpta et fragm.' u. s. w. Lips. 1804 praef. XI.

Dieses absprechende Urteil über den Wert des Βίος Καίσαρος, das sich übrigens in ähnlicher Gestalt auch schon bei Müller III, p. 342 findet, scheint bei den meisten Historikern Anklang gefunden zu haben; denn wenn auch L. Lange in seiner gründlichen Weise fast überall, wo es möglich war, auch den Nicolaus unter den Gewährsmännern citiert, so hat er ihm doch meist eine sehr bescheidene Stelle nach Appian, Cassius Dio, Plutarch eingeräumt. In allerjüngster Zeit aber urteilt Hermann Schiller p. 5: 'Nicolaus Damascenus muss im Leben des Augustus mit grosser Vorsicht benutzt werden, da er lediglich den Zweck einer Verherrlichung desselben verfolgt.'

Noch übler ist Nicolaus von denjenigen Gelehrten behandelt worden, welche die einschlägigen Geschichtsquellen in besonderen Schriften untersucht haben. Der um die Plutarchforschung so hochverdiente Hermann Peter[1]) hat bei der Aufzählung der Quellen, die dem Plutarch für die Verschwörung gegen Caesar etwa vorliegen konnten, den Βίος Καίσαρος vergessen, auch sonst dieses Werk nicht berücksichtigt.

G. Thouret l. l. p. 343 versteigt sich zu dem Urteil: 'Utrum etiam ultra Caesaris mortem progressus sit in scribendo ille (excerptor Asinii Pollionis) necne, diiudicari non potest, cum praeter Plutarchi vitas Bruti et Antonii non habeamus, quod conferamus cum Appiani libris III—V.' Auch P. Krause l. l. hat es bei Prüfung des Appianischen Geschichtswerkes für Caesars Ermordung etc. nicht für nötig gehalten, den Bericht des Appian mit den Nachrichten des griechischen Zeitgenossen der Ereignisse zu vergleichen, nicht einmal der Name des Nicolaus findet sich bei ihm vor. — Noch manche neuere Schrift könnte ich aufführen, bei deren Abfassung der gelehrte Damascener unverdientermassen vergessen worden ist — vielleicht verhelfen dem vielfach Übersehenen nunmehr meine Erörterungen zu seinem Rechte.

Zunächst aber soll in der Hauptsache nur vom Werte der Escorialensischen Fragmente des Nicolaus (IV. und V. Hauptteil: Verschwörung gegen Caesar etc. Cap. 19—27) gehandelt werden, während ich die genauere Prüfung der drei ersten Hauptteile (Cap. 1—18) in die zweite Hälfte dieser Studien verweise, in denen Octavians Geschichte bis zur Schlacht bei Philippi in einem besonderen Kapitel dargestellt werden soll. — Einige Bemerkungen über Quellen und die Komposition des ganzen Werkes, sowie über seine Benutzung durch spätere Geschichtschreiber werden schon in diesem Teile ihren Platz finden.

Wenn man den Bericht des Nicolaus über die Verschwörung etc. mit den Berichten des Plutarch, Appian, Cassius Dio vergleicht, so

---

1) 'Die Quellen Plutarchs in den Biographien der Römer' p. 128.

findet man zunächst, dass er materiell der ausführlichste von allen ist. Ja sogar wenn man die ganze jüngere griechische Tradition zusammennimmt, liefern die drei späteren Griechen kein so vollständiges Bild wie Nicolaus allein. Das lässt sich am besten zeigen, wenn man einen unverstümmelten Teil der Erzählung des Nicolaus in einzelne nummerierte Nachrichten zerlegt und darstellt, wie viele davon sich aus der jüngeren griechischen Tradition belegen lassen. Als Ursachen der Verschwörung z. B. nennt Nicolaus:

Nicolaus	Plutarch	Appian	Cassius Dio
1) Cap. 19. Die Hoffnung einiger Leute, nach Caesars Beseitigung selbst zu herrschen.	—	—	—
2) Verbitterung über den durch die Bürgerkriege herbeigeführten Ruin; als Vorwand diente das Streben nach republikanischer Gleichheit.	cf. Caesar 60	cf. II, 111	—
3) Freundschaft mit Verschworenen, denen man Treue beweisen wollte.	—	—	—
4) Respect vor den die Verschwörung leitenden Männern (Brutus' Namen führte manche Republikaner der Verschwörung zu, denen es persönlich an Unternehmungsgeist fehlte).	Brutus 10	—	—
5) Bevorzugung der Pompejaner verletzte die alten Freunde Caesars.	—	—	—
6) Groll der von Caesar Begnadigten, weil sie sich widerwillig zu Dank verpflichtet fühlten.	—	—	—
7) Schlechtes militärisches Avancement mancher altgedienter Soldaten Caesars.	—	—	—
8) Neid gegen Caesars unerreichbare Machtfülle und Hilfsmittel.	—	II, 111	XLIV, 3
9) Caesars eigene Überhebung.	—	—	XLIV, 3

Auch von den bei Nicolaus erwähnten Gerüchten, dass Caesar die Residenz nach Ägypten (Alexandria) oder Troja habe verlegen wollen, von den verschiedenen Plänen der Verschworenen, ehe sie sich über die Iden des März und die Curie des Pompejus einigten, sowie von manchen andern Nachrichten des Nikolaus findet sich bei der jüngeren griechischen Tradition keine Spur. Indes, was würde diese Ausführlichkeit uns nützen, wenn Bürger wirklich mit Recht dem Nikolaus absichtliche Fälschung der geschichtlichen Wahrheit vorwerfen könnte? Deshalb wende ich mich nunmehr gegen Bürgers betreffende Argumente, lasse mich aber nicht darauf ein, jede von Bürger verdächtigte Stelle zu besprechen, sondern gedenke die nach Bürgers Ansicht besonders gravierenden Stellen auf seinen Verdacht hin zu untersuchen, viele andere Beweisgründe gegen Bürger wird man im Laufe meiner Erörterung zwischen den Zeilen lesen können.

Nicolaus nennt (Kap. 19 und 24) 80 Verschworene und 35 Wunden Caesars statt der 60 Verschwornen und 23 Wunden, von denen die andern Quellen berichten. Darin erblickt Bürger p. 7 absichtliche Übertreibung — als ob das Bild jener Mordthat im Leser irgendwie zu Gunsten Caesars verändert würde, wenn er von 20 Verschwornen und 12 Wunden mehr erfährt. Je grösser die Zahl der Verschworenen dargestellt wird, desto populärer erscheint vielmehr ihre Sache — das konnte aber doch unmöglich in der Absicht des octavianisch gesinnten Nicolaus liegen; überdies ist ein so lächerliches Übertreiben der Zahlen bei einem Manne seiner Bildung undenkbar. Zweierlei ist möglich: entweder gab es schon in Nicolaus Zeit eine doppelte Überlieferung von 80 Verschwornen und 35 Wunden neben 60 Verschwornen und 23 Wunden, oder aber die Zahlen sind bei Nicolaus einfach verschrieben, wie im Kap. 3 nach Sueton Oct. 8 und Quintilian XII, 6, 1 das ἐννέα in ἕνδεκα zu ändern sein wird. — Ferner findet Bürger eine Fälschung des Nicolaus in der Erzählung von den Lupercalien Kap. 21. Allerdings weicht Nicolaus von allen andern Quellen in diesem Punkte ab. Während Appian und Cassius Dio, sowie Plutarch im Ganzen und Grossen übereinstimmend erzählen[1]), Antonius habe nackt und gesalbt an den Lupercalien dem zuschauenden Caesar ein Diadem aufgesetzt, welches dieser nach mehrfachen Gegenversuchen des Antonius unters Volk geworfen — während Cassius Dio und Plutarch im Ganzen mit Appian übereinstimmend noch hinzufügen, Caesar habe das Diadem für die Bildsäule des Jupiter aufs Capitol geschickt, berichtet Nicolaus: Τότε δὲ ἐνετάσης, ἡγεμὼν ᾑρέθη Μάρκος Ἀντώνιος· καὶ προῄει διὰ τῆς ἀγορᾶς, ὥσπερ ἔθος ἦν, συνείπετο δὲ αὐτῷ καὶ ἄλλος ὄχλος. Καθημένῳ δὲ Καίσαρι ἐπὶ τῶν ἐμβόλων λεγομένων ἐπὶ χρυσοῦ θρόνου, . . . πρῶτον Λικίνιος δάφνινον ἔχων στέφανον, ἐντὸς δὲ διάδημα περιφαινόμενον, προσέρχεται

---
1) Plut. Caes. 61; App. II, 109; Cassius D. XLIV, 11.

.. καὶ κατέθηκεν αὐτοῦ πρὸ τῶν ποδῶν τὸ διάδημα. Βοῶντος δὲ τοῦ δήμου, ἐπὶ τὴν κεφαλὴν τίθεται· καὶ ἐπὶ τοῦτον Λέπιδον καλοῦντος τὸν ἱππάρχην, ὁ μὲν ὤκνει· ἐν τούτῳ δὲ Κάσσιος Λογγῖνος, εἷς τῶν ἐπιβουλευόντων, ὡς δῆθεν εὔνους ὤν, ἵνα καὶ λανθάνειν μᾶλλον δύναιτο, ὑποφθὰς ἀνείλετο τὸ διάδημα καὶ ἐπὶ τὰ γόνατα αὐτοῦ ἔθηκε. Συνῆν δὲ καὶ Πόπλιος Κάσκας. Καίσαρος δὲ διωθουμένου καὶ τοῦ δήμου βοῶντος, ταχὺ προσδραμὼν Ἀντώνιος γυμνὸς ἀληλιμένος, ὥσπερ ἐπόμπευεν, ἐπὶ τὴν κεφαλὴν ἐπιτίθησι. Καῖσαρ δὲ ἀνελόμενος αὐτὸ εἰς τὸν ὄχλον ἔρριψε..... οἱ δὲ οὐκ ἔξω τῆς γνώμης αὐτοῦ διεθρόουν τοῦτο Ἀντώνιον πεποιηκέναι.... Τὸ δ' οὖν δεύτερον Ἀντωνίου ἐπιτιθέντος, ὁ δῆμος ἐβόησε 'Χαῖρε βασιλεῦ' τῆς ἑαυτοῦ γλώττης. Ὁ δὲ οὐ δεχόμενος ἐκέλευσεν εἰς τὸ τοῦ Καπιτωλίου Διὸς ἱερὸν ἀποφέρειν αὐτό·... Λέγεται δὲ καὶ ἕτερος λόγος, ὡς ταῦτα ἔπραττεν Ἀντώνιος ἐκείνῳ μὲν, ὥς γε ᾤετο, χαρίζεσθαι βουλόμενος, αὐτῷ δὲ ἐλπίδα μνώμενος, εὖ γένοιτο ποιητὸς υἱός....' Dazu bemerkt Bürger p. 14:..'quum reliqui omnes solius Antonii opera rem factam esse referant, Nicolaus ne primas quidem partes illum facit agentem, sed Licinio cuidam eas tribuit.' Aber auch Dio XLIV, 11: καὶ αὐτὸν ὁ Ἀντώνιος βασιλέα τε μετὰ τῶν συνιερέων προσηγόρευσε καὶ διαδήματι ἀνέδησεν... sagt, dass Antonius nicht allein bei seinem Wagnis war; und dass Lepidus wenigstens irgend eine Rolle bei der Sache mitgespielt haben muss, folgt aus Cicero Phil. 5, 14 (cf. 3, 5; 13, 8): 'Semper ille populum Romanum liberum voluit maximumque signum illo die dedit voluntatis et iudicii sui, cum Antonio diadema Caesari imponente se avertit gemituque et maestitia declaravit, quantum haberet odium servitutis...' Übrigens ist in betreff des Lepidus Ciceros Bericht, wenn man die Schönfärberei abrechnet, recht wohl mit dem 'Zögern', von dem Nicolaus spricht, zu vereinen. Denn das Zögern des Lepidus konnte in der That verschieden gedeutet werden: Cicero, der den Lepidus gern als Republikaner darstellen möchte, fasst die Zurückhaltung (se avertit) desselben als Ausdruck des Widerwillens gegen den ganzen Vorgang, mit dem er nichts zu thun haben wolle, wir dagegen werden in dem Zögern des Lepidus nur die Unentschlossenheit erkennen, die ihm auch sonst eigen war. Jedenfalls aber ist der Bericht des Nicolaus über Lepidus Verhalten durchaus glaubhaft.[1])

Der Haupirrtum Bürgers liegt darin, dass er nicht erkannte, dass auch bei Nicolaus Antonius an den Lupercalien als Hauptperson erscheint — Antonius führt den von Licinius nur begonnenen Versuch, Caesar mit dem Diadem zu schmücken, weiter — Antonius lässt schliesslich das Diadem einer Bildsäule Caesars aufsetzen — Antonius Motive beschäftigen den Nicolaus vorzüglich. Wenn wir

---

1) Bürger p. 15 hat den Bericht des Nicolaus über Lepidus falsch verstanden.

ausserdem von Licinius hören, so können wir nur konstatieren, dass Nicolaus den ausführlicheren Bericht bietet, während sich die Späteren auf die Erwähnung der Hauptperson beschränkten. Warum sollte auch Antonius, bevor er als Consul die immerhin sehr bedenkliche Darbietung des Diadems übernahm, nicht erst einen unbedeutenderen Menschen die Kastanie aus dem Feuer holen lassen? Er sparte seine Autorität für den Notfall auf. Aber Bürger führt fort p. 16: 'Quas res cur Nicolaus a vero flexerit, luce clarius mihi videtur esse. In quam enim opinionem quicunque rem animo sincero iudicat discedit: ut (sic!) illud constitutum sit inter Caesarem eiusque amicos, eam opinionem tollere et hanc potius afferre vult legentibus: adversarios illud esse molitos et machinatos. Idcirco adhibet Licinium, cuius nulla est fama, et Cassium Cascamque, idcirco postea demum Antonium inducit. Sed si quis, quam non probabilis sit haec interpretatio intelligat, caute adiicit: λέγεται δὲ καὶ ἕτερος λόγος, ὡς ταῦτα ἔπραττεν Ἀντώνιος ἐκείνῳ . . χαρίζεσθαι βουλόμενος, αὐτῷ δὲ ἐλπίδα μνώμενος, εἰ γένοιτο ποιητὸς υἱός. Neque enim licebat, in ulla culpa esse Caesarem, patrem eius, cuius virtutes laudesque opusculo suo prosequitur.' Wären die von Bürger dem Nicolaus beigelegten Absichten wahr, so hätte bei Nicolaus Casca oder Cassius dem Caesar das Diadem anbieten müssen, aber Casca thut gar nichts, als dass er in Caesars Gefolge erwähnt wird, und Cassius legt das Diadem von Caesars Haupt auf Caesars Knie — ablehnend genug für einen Verschworenen, der noch nicht entdeckt sein will. Dass ferner nach Nicolaus ein Gerücht existierte, wornach Antonius durch das Diadem bei Caesar die Adoption zu erschleichen hoffte, ist ganz glaublich — betrachtete sich doch Antonius nach Caesars Tode in der That als dessen Erben. Wenn aber schliesslich Bürger dem Nicolaus auch noch vorwirft, er habe jedwede Schuld von Caesar, als dem Vater des Augustus, abwälzen wollen, so ist diese Behauptung ganz offenbar ungerecht, da Nicolaus ganz unverblümt von einem Einverständnisse Caesars und des Antonius spricht (οἱ δὲ οὐκ ἔξω τῆς γνώμης αὐτοῦ (Καίσαρος) διεθρόουν τοῦτο Ἀντώνιον πεποιηκέναι). Überhaupt erscheint Caesar bei Nicolaus, was unten noch einmal betont werden muss, nicht als die glänzende Figur, als welche ihn etwa Mommsen zeichnet. Denn man beachte wohl des Nicolaus freie Äusserung über Caesars Selbstüberhebung während der letzten Monate seines Lebens, sowie über seine falsche Hinneigung zu den Pompeianern.[1]) Auch erscheint Caesar, was der Wirklichkeit wohl entsprochen haben mag, bei Nicolaus mehr noch als in irgend einer andern Quelle als ein kranker Mann, den die in jeder Hinsicht erduldeten Strapazen des selbständigen Willens und des festen Maassstabes für die Durchführbarkeit seiner Pläne[2]) beraubt haben. Schwindelanfälle suchen

---

1) Cf. p. 673.   2) Cf. Cap. 19: Αὐτὸς τε (Καῖσαρ) . . πλέον τε ἢ ἄνθρωπος ἀξιῶν ἤδη εἶναι ....

ihn heim (Cap. 23 ἰατροί τε (ἐκώλυον πορεύεσθαι εἰς τὸ βουλευτήριον) διὰ νόσον σκοτώδη ἑκάστοτε συμβαίνουσαν αὐτῷ καὶ τότε προσπεσοῦσαν), auch in der Nacht vor der Ermordung. Nicht aus freiem Entschluss geht er endlich an den Iden in den Senat, sondern von D. Brutus lässt er sich dazu drängen — nicht aus eigenem Antrieb tritt er schliesslich in die Curie ein, sondern D. Brutus fasst ihn an der Hand und Caesar lässt sich schweigend hineinführen (Cap. 23, 24).

Bürger p. 17 verwirft nach Appian II, 122 und nach einer vermeintlichen Spur bei Sueton Caes. 80 den Bericht des Nicolaus, dass Caesar auf Veranlassung des Praetor Cinna einen Volksbeschluss habe zu Stande kommen lassen, der den verbannten Tribunen C. Epidius Marullus und L. Caesetius Flavus¹) die Rückkehr nach Rom unter der Bedingung gestattete, dass sie vorderhand Privatleute wären, jedoch mit der Fähigkeit sich wieder um Ämter bewerben zu dürfen (Cap. 22). — App. II, 122 schreibt freilich, dass die verbannten Tribunen erst nach Caesars Ermordung durch ein Gesetz des Brutus und Cassius restituiert worden wären — aber wer wird ihm dies glauben, da er die Ordnung der Begebenheiten bekanntlich so oft verletzt?²) Die Suetonstelle Caes. 80: 'Post remotos Caesetium et Marullum tribunos reperta sunt proximis comitiis complura suffragia consules eos declarantium' aber hat Bürger falsch verstanden, wenn er glaubt, dass dieser Schriftsteller sich die Tribunen bei den Wahlcomitien im Frühling 44 als noch abwesend von Rom denke. Denn post remotos tribunos ist nicht post exsules oder post expulsos, sondern bedeutet nur remotos a tribunatu, cf. Suet. Tiber. 35: Alium et quaestura removit, demnach ist hier nicht von verbannten, sondern von abgesetzten Tribunen die Rede. Sueton bietet nur insofern einen kürzeren Bericht als Nicolaus, als er die erst von Caesar über die Tribunen verhängte, dann aber wieder aufgehobene Verbannung weglässt, in der Hauptsache aber stimmt er mit Nicolaus überein. Daher ist Bürger abermals ungerecht gegen Nicolaus, wenn er schreibt p. 17: Si res a N. traditae verae essent, si iam Caesare vivo tribunis exsulibus redire iisdemque statim magistratus petere licuisset, inimici Caesaris vix ita hanc rem in commodum suum vertere potuerunt, ut Cassius in oratione apud populum (App. 4, 93). Hoc quoque loco facile possis suspicari, Nicolaum res mutasse, ut Caesar, quam culpam tribunis condemnatis in se admiserat, repararet... Gesetzt auch, Nicolaus habe die Rückberufung der Tribunen gefälscht, für welche Annahme aber gar keine berechtigten Gründe vorliegen, was würde wohl zu Gunsten Caesars gewonnen, wenn die Amtsentsetzung derselben nicht vertuscht wird?

Nach alledem wird man mir zugeben müssen, dass Nicolaus

---

1) Cf. RA, III p. 480.   2) Cf. p. 668 und p. 715 f.

von dem Vorwurfe absichtlicher Geschichtsfälschung freigesprochen werden muss. Bürgers Argumente wurzeln eben grossenteils in einer falschen Auffassung dessen, was Nicolaus wirklich berichtet. Es ist aber Nicolaus von vielen Gelehrten, und zwar zuletzt von H. Schiller auch ein Schmeichler genannt worden, dessen einziger Zweck die Verherrlichung des Augustus sei. Es kann mir nicht einfallen zu leugnen, dass namentlich die Jugendgeschichte Octavians in einer für denselben sehr schmeichelhaften Weise abgefasst ist. Denn wenn Nicolaus z. B. Cap. 3 von dem Knaben Octavian schreibt: καὶ cυνῄεcαν πρὸc αὐτὸν παμπληθεῖc, οὐκ ὀλίγοι δὲ καὶ τῶν νεανίcκων, οἷc τὸ πράττειν δι᾽ ἐλπίδοc ἦν. Προὔπεμπον δὲ αὐτὸν πάμπολλοι ὁcημέραι καὶ μειρακίcκοι καὶ ἄνδρεc καὶ ἥλικεc παῖδεc, εἴτε ἐφ᾽ ἱππαcίαν ἔξω τοῦ ἄcτεωc προῄει, εἴτε παρὰ cυγγενεῖc ἢ ἄλλουc τινάc, so muss man zwar zum richtigen Verständnisse dieser und ähnlicher Stellen erwägen, dass die eminenten Thaten seines Grossoheims in Gallien und die Rolle, die dieser schon vor der Niederwerfung des Pompejus spielte, auch auf den Neffen einen Widerschein warfen, indes sind solche Notizen des Nicolaus in ihrer allgemeinen Fassung zu leicht dazu angethan, ein falsches Bild von dem Einflusse des jungen Octavian zu erwecken, als dass man den Nicolaus vom Vorwurfe der Schmeichelei gegen Augustus völlig lossprechen könnte. Aber man darf auch das Kind nicht mit dem Bade ausschütten, sondern muss, um gerecht gegen Nicolaus zu sein, bedenken, dass er nicht als Römer, sondern als Provinziale schrieb. Augustus hatte seiner Heimat, die bis dahin die römischen Grossen wenig anders, denn als blutsaugende Statthalter oder als wuchertreibende Steuerpächter kennen gelernt hatte, nicht nur den Frieden, sondern auch Sicherheit des Lebens und Besitzes gebracht — was Wunder, wenn das Jugendbild des Kaisers, für welches schriftliche Quellen wohl wenig vorlagen, in der Seele des Damasceners sich zu einem Musterspiegel für Knaben und Jünglinge gestaltete. Dazu kommt, dass Nicolaus, wie unten weiter erörtert werden wird[1]), seinen Bericht über Octavians Jugend vielleicht aus mündlichen Quellen schöpfte, die sich in gutgemeinten Lobreden über die Jünglingsjahre des Kaisers gern ergingen, weil sie selbst hatten das Wunderkind anstaunen dürfen, das mit 18 Jahren sich als Rächer des grossen Oheims fühlte und nicht viel später mit Bewusstsein auf die Weltherrschaft hinarbeitete. Dadurch wird natürlich nicht das etwas zu schön schillernde Colorit von der Jugendgeschichte Octavians hinweggenommen, aber die persönliche Schuld des Nicolaus muss uns geringer erscheinen. Dazu kommt, dass selbst die Jugendgeschichte Octavians bei Nicolaus doch insofern wirklich Geschichte enthält, als dieselbe genau chronologisch aufgebaut ist und Thatsachen berichtet, die nicht anzuzweifeln sind.[2])

---

1) P. 685. 2) Die Beweise dafür folgen im II. Teil dieser Studien

Es ist eben weniger das, was Nicolaus erzählt, als vielmehr die Art und Weise, wie er erzählt, welche unsere Kritik erfordert. Als Geschichtsquelle aber verlieren die Niederschriften desselben hierdurch nicht eben viel an Wert. Überdies werden wir von der ernsthaft historiographischen Tendenz des Nicolaus vollkommen überzeugt werden, wenn wir die zweite Hälfte seiner Fragmente, für welche seine Forschungen wohl festere Grundlagen vorfanden, vor der ersten gebührend in den Vordergrund stellen. Ist er wirklich — wenn auch unabsichtlich — bei der Geschichte der frühen Jugend Octavians manchmal der Fabel anheimgefallen, so beschränkt sich dieses Gebrechen eben auf die Knabenjahre des Octavian — und unsere Kritik wird immer noch leichter im Stande sein, diese Nachrichten auf das rechte Mass zurückzuführen, als aus der Confusion der jüngeren Tradition die Wahrheit herauszufinden. Auch werden wir für das etwa Unhistorische der ersten Kapitel reichlich entschädigt durch die Trefflichkeit der späteren Partien. Denn wir sehen in der Darstellung der Verschwörung gegen Caesar und des ersten politischen Auftretens Octavians, soweit die Trümmerhaftigkeit der Fragmente das Original unserm Blicke nicht verschleiert, überall den ernsten und sorgfältigen Geschichtschreiber in klarem Lichte vor uns. Daher finden wir denn auch in den Fragmenten über Caesars Ermordung etc. wertvolle Spuren von richtiger Chronologie und Accuratesse in Dingen, welche die jüngere griechische Tradition vernachlässigt hat.

So hat Nicolaus allein von allen griechischen Autoren eine richtige Zeiteinteilung der Ereignisse der ersten Tage nach Caesars Ermordung gehabt, worüber uns die übrigen Schriftsteller nach Drumanns gutem Vergleich „in ein Labyrinth" von Verwirrung führen. Es handelt sich dabei namentlich um den Termin für die wichtige Senatssitzung, in welcher Antonius' kluges Spiel den Verschworenen alle Vorteile aus den Händen riss. Nach Ciceros Zeugnis versammelte sich der Senat zuerst wieder am 17. März[1]) — und dieses Datum hat auch bei Nicolaus gestanden. Denn er lässt den Octavian in Lupiae erfahren C. 17: 'Τοὺς δὲ περὶ Βροῦτον καὶ Κάccιον cφαγεῖc κατειληφότας τὸ Καπιτώλιον φρουρεῖν, τούς τε δούλους καλεῖν ἐπ' ἐλευθερίᾳ cυμμάχους· τῇ δὲ πρώτῃ ἡμέρᾳ καὶ δευτέρᾳ, καταπεπληγμένων ἔτι τῶν Καίcαρος φίλων, πολλοὺς αὐτοῖc προcέχειν, ἐπεὶ δὲ ....'

Also waren die Verschworenen am 15. und 16. März in günstiger Lage, darnach erfolgte der Umschwung, also am 17. März. Genauer war hierüber von Nicolaus im 26. und 27. Cap. berichtet worden, wo er die Ereignisse nach Caesars Tod ausführlich erzählt hat. Trotzdem könnte es den Anschein haben, als hätte hier Nicolaus alles auf zwei Tage zusammengedrängt, da er nur die Er-

---
1) RA III p. 488.

eignisse zweier Tage schildert und dann im C. 28 wieder zu Octavians Geschichte übergeht. Deshalb ist auch Nicolaus z. B. von Bürger p. 30 f. der Unwissenheit oder Leichtfertigkeit geziehen worden, meiner Ansicht nach sehr mit Unrecht. Denn wer genauer zusieht, der wird erkennen, dass das 27. Cap. mitten in einer privaten Vorberatung der Freunde Caesars über die gegen die Mörder zu ergreifenden Massregeln abbricht. Im Original aber hat sicherlich auch ein Bericht über die wichtige Senatssitzung vom 17. März mit den Reden des Cicero und Antonius, sowie mit dem Beschlusse der Amnestie und der Bestätigung der acta Caesaris etc. gestanden — denn erstens ist es undenkbar, dass ein Schriftsteller von der Ausführlichkeit des Nicolaus, der uns sogar von den Meinungsäusserungen des Lepidus und Hirtius[1]) durchaus Glaubliches berichtet, den wichtigen Staatsact vom 17. März vergessen habe, zweitens wird durch die Worte 'Πρῶτον δὲ ἐν cφίcι βουλὴν προὔθεcαν, ὅπωc χρὴ ἔχειν πρὸc τοὺc cφαγέαc...' die folgende Senatssitzung geradezu vorbereitet, und drittens endlich recurriert Nicolaus im Folgenden sowohl auf den Beschluss der Amnestie gegen die Mörder Cap. 28: '... διαμεθέντοc 'Αντωνίου τὸ cύμπαν καὶ τὴν πρὸc τοὺc φονεῖc ἀγαπῶντοc ἀμνηcτίαν...' als auch auf die Bestätigung der acta Caesaris[2]) Cap. 29: '... εἰ μὴ τὰc Καίcαροc διαθήκαc ἅμα καὶ βουλῆc ἴcα φυλάττοι.' Wenn nun hierdurch bewiesen ist, dass Nicolaus die mehrerwähnte Senatssitzung überhaupt behandelte, so ist zugleich durch die oben citierten Worte aus Cap. 17 klar geworden, dass er sich diese wichtige Senatssitzung nicht am 16. März — mit welchem Tage unser Excerpt vorläufig abbricht — sondern am 17. dachte. Nur die vorbereitenden Verhandlungen der Caesarianer unter einander und mit den Mördern (Cap. 27: 'Οἱ δὲ περὶ 'Αντώνιον πρὶν μὲν παραcκευάcαcθαι, διεπρεcβεύοντο καὶ διελέγοντο τοῖc ἐν Καπιτωλίῳ') sind am 16. zu denken.

Die grosse Lücke nach c. 27 dürfte wohl mit Recht dem Excerptor zur Last gelegt werden, dem für seine Sammlung de insidiis die Senatsverhandlung u. s. w. vom 17. März ebenso gleichgiltig war, wie die Rede des Brutus, die von ihm in das Excerpt περὶ δημηγοριῶν verwiesen ist. Da aber auch die weiteren Machinationen des Antonius gegen die Senatspartei fehlen, so muss man auch daran denken, dass schon die Vorlage des Excerptors lückenhaft gewesen sein wird. Manche Lücken derart sind von den Herausgebern bemerkt worden, anderen minder offenbaren wird es zuzuschreiben sein, dass wir z. B. von dem Besuche Ciceros auf dem Capitol[3]) nichts mehr lesen, da er doch trotz der unangenehmen Erinnerungen, die sein Name in Augustus' Seele hervorrufen musste,

---

1) C. 22 Ἱρτιοc δὲ διαλέγεcθαι καὶ φιλίαν τίθεcθαι. Ganz entsprechend erscheint auch bei Cicero Hirtius in der Rolle eines Vermittlers ad Fam. XI, 1.   2) Cf. Capitel II p. 689.   3) RA III p. 487.

überhaupt von Nicolaus c. 28 genannt ist. Dass Dolabella sich die Consularinsignien anmasste und mit ihnen am 16. zu den Verschworenen überging, wird wohl im Anfang der grossen Lücke zwischen c. 27 und 28 bemerkt gewesen sein; wenigstens erscheint später c. 28 Dolabella als Consul, und wir haben kein Recht, dem Nicolaus, der so viele nebensächlichere Personen nennt, zuzutrauen, dass er die Rollen der Hauptpersonen unberücksichtigt gelassen habe.

Nach alledem müssen wir als von Nicolaus überliefert und zugleich als richtige Ordnung der Ereignisse nach Caesars Tode etwa folgende annehmen:

15. März: 1) Ermordung Caesars.
2) Die Mörder weichen aufs Capitol und verschanzen sich.
3) Caesars Leiche wird in sein Haus gebracht und von Calpurnia empfangen. Zurüstung zum Begräbnis.
4) Die Mörder, durch Gladiatoren geschützt, steigen vom Capitol herab, Brutus spricht zum Volke.
5) Sie weichen wieder aufs Capitol [Ciceros Besuch].
6) Gesandtschaft an Lepidus und Antonius, Antwort wird auf den 16. März versprochen. Aufregung in der Stadt.

16. März: 1) Lepidus besetzt mit seinen Soldaten das Forum.
2) Zulauf von Veteranen.
3) Antonius und sein Anhang verhandeln mit den Mördern auf dem Capitol.
4) Gestützt auf die bewaffnete Macht beginnen sie zu regieren und stellen in der Stadt Ruhe und Ordnung her.
5) Vor dem allgemeinen Senat Privatbesprechung des Antonius, Lepidus, Hirtius und anderer Caesarianer. Resultat: Vorläufige Erhaltung der Mörder.
[6) Dolabella tritt mit den Consularinsignien auf und geht zu den Mördern über.]

17. März: [Senatssitzung im Tellustempel, Amnestie, Bestätigung der acta Caesaris] u. s. w.

Später: Leichenfeier Caesars, Flucht der Verschworenen zunächst nach Antium[1]) (cf. Cap. 17) u. s. w.

Nicolaus allein berichtet genau von dem Umfange der Magistratswahlen Caesars im Frühling 44 c. 22: 'καὶ δὴ ἀποδείκνυσι εἰς τὸ ἐπιὸν ὑπάτους Οὐίβιον Πάνσαν καὶ Αὖλον Ἵρτιον· εἰς δὲ τρίτον ἔτος Δέκιμον Βροῦτον . . . καὶ Μουνάτιον Πλάγκον . . .', während Appian den Caesar für 5 Jahre die Magistrate wählen lässt.[2])

Nikolaus c. 28 allein verhilft uns zu der richtigen Ansicht über Zeit und Art der Plünderung des Staatsschatzes im Tempel der Ops

---

1) Dass Nicolaus auch den wichtigen Zeitpunkt der Flucht der Mörder aus Rom kannte, wird im zweiten Teil in dem Capitel 'M. Brutus und C. Cassius' besprochen werden. 2) App. II, 128.

durch Antonius und Dolabella: 'καὶ γὰρ τὸ ταμιεῖον τῆς πόλεως, ὃ πολλῶν χρημάτων ὁ πατὴρ αὐτοῦ ἐνέπληcεν, ἐντὸς δυοῖν μηνοῖν ἢ Καίcαρα τελευτῆcαι κενὸν ἐποίηcαν καθ᾽ ἣν τύχοι πρόφαcιν ἐν ἀκαταcταcίᾳ πολλῇ πραγμάτων ἐκφοροῦντες ἀθρόον τὸ ἀργύριον ...', cf. Cic. A XIV, 14, 5. Phil. II, 37, 93. Nicolaus allein giebt den Zeitpunkt der Abreise des M. Brutus und C. Cassius aus Italien richtig an, indem er diese Abreise in Beziehung zu den Rüstungen Octavians setzt, welche Anfang October in Unteritalien vorgenommen wurden C. 31; cf. Cic. F XII, 2 und A XV, 13.

Andere Beispiele ähnlicher Art werden wir im zweiten Teile dieser Studien antreffen; es darf aber auch nicht verschwiegen werden, dass ein Ereignis, die unhöfliche Begrüssung des vor Caesar aufziehenden Senats[1]), C. 22, wenigstens in unsern Fragmenten an falscher Stelle berichtet wird. Dies gehört vor die Geschichte von den Lupercalien. Ich vermute, dass hier eine Confusion entweder schon im Archetypus vorlag, oder durch den Excerptor bewirkt wurde. Nach den Anfangsworten des C. 21: 'Τοιαῦτα μὲν δὴ τότε ἐλέγετο'· stand wohl ursprünglich C. 22, dessen erster Teil so die Tribunenaffäre sehr passend zu Ende führte. Es folgte der Bericht über die Wahlen, der aber wohl nach Μουνάτιον Πλάγκον eine Lücke hat — denn es fehlen die gewählten Tribunen, oder wenigstens eine Notiz über deren Wahl.[2]) Darauf folgte im zweiten Teile des C. 22 die Beleidigung des Senats durch Caesar und die Entfernung der Leibwache des Dictators, endlich C. 21 der Bericht über die Lupercalien, deren Schlussworte sehr gut zu C. 23 überleiten.

Je mehr eine unparteiische Kritik die Lücken auch in den scheinbar zusammenhängenden Fragmenten des Nikolaus erkannt haben wird, um so mehr wird man den Verlust des ganzen Werkes bedauern und das noch Vorhandene schätzen lernen. Aber nicht nur chronologische Genauigkeit, nicht nur Freimut in den Äusserungen über Caesar (cf. p. 676) und massvolle Ruhe den Mördern gegenüber (cf. das Urteil über die Brutus C. 19: 'Πολλὰ δ᾽ ἐξώτρυνε καὶ ἡ ἐκ παλαιοῦ Βρούτοις ὑποῦcα εὔκλεια τῶν προγόνων τοὺς ἀπὸ 'Ρωμύλου βαcιλεῖc .. καταλελυκότων ...' und C. 26: ''Εν τούτῳ δὲ Μάρκος Βροῦτος, κατὰ πολλὴν ἡcυχίαν τοῦ δήμου τὸ μέλλον προcδεχομένου, cωφροcύνῃ τε βίου διὰ παντὸc τιμώμενος κατά τε εὔκλειαν προγόνων, καὶ τὴν ἀπ᾽ αὐτοῦ ἐπιείκειαν εἶναι δοκοῦcαν...') lassen uns den Nicolaus günstig beurteilen, sondern vor allem muss auch seine tiefe Einsicht in die Verhältnisse und Parteien der geschilderten Zeit und seine grossenteils schlichte, aber markige Darstellungsweise Vertrauen erwecken. Ich kann dieses Urteil nicht besser bekräftigen, als wenn ich eine Probe seiner Schreibweise, etwa sein Raisonnement über die Ursachen der Verschwörung gegen

---

1) Cf. RA III, 478.   2) Cf. RA III, 491.

Caesar, in Übersetzung vorlege; C. 19: 'Die Motive, welche sie antrieben, sich an diesem Manne (Caesar) zu vergreifen, gingen aus von nicht geringen Unebenheiten privater und öffentlicher Natur. Denn die einen traten der Verschwörung bei, weil sie einen Hoffnungsschein hegten, anstatt jenes Mannes selbst Herrscher zu werden, wenn sie ihn aus dem Wege geräumt hätten, andere waren erbittert aus Unmut über das, was sie im Bürgerkriege erduldet: Tod der Angehörigen, Verlust des Vermögens und der Ämter — ihre selbstsüchtige Verstimmung aber verbargen sie unter dem anständigen Schlagwort, dass sie die Alleinherrschaft hassten und eine Regierungsform auf Grund der Gleichberechtigung suchten. — Andere Beweggründe waren für andere aus beliebigen Vorwänden entstanden und vereinigten zuerst zwar nur die Häupter, dann aber führten sie viel mehr Leute der Verschwörung zu, die einen kamen aus eigenem Antriebe wegen ihrer privaten Beschwerden, die andern wollten durch ihre Teilnahme andern ihre Treue in alter Freundschaft beweisen. Es gab aber auch Männer, die aus keinem der beiden Motive, sondern aus Hochachtung vor den leitenden Männern zu ihnen sich gesellten und in Erinnerung an die alte Demokratie über die Tyrannis grollend zwar nicht den Anfang bei einem Staatsstreiche machen, aber doch, wenn ein anderer nur begänne, gern mit solchen Männern gemeinsam handeln wollten, sei es auch um den Preis eigenen Leidens. Solche lockte besonders der uralte Ruhm, den die Brutus besassen, deren Vorfahren schon die Erben des Romulus zerschmettert und zuerst die Demokratie eingeführt hatten. Manche zürnten dem Caesar auch, gerade weil sie ihm ihre Erhaltung verdankten, obgleich er ihnen nicht die geringste Demütigung auferlegt hatte — aber gerade das Bewusstsein, dass sie das gewissermassen als Almosen empfangen hatten, was sie, wenn sie gesiegt, mit Behaglichkeit hätten geniessen dürfen, gerade das nagte sehr an ihrem Herzen. Ja, auch die eigenen Freunde zürnten dem Caesar, weil sie nun ihre Ehre mit solchen teilten, die sie selbst zu Kriegsgefangenen gemacht hatten, ja von diesen sogar aus ihrer Ehrenstellung verdrängt wurden. Endlich wurde auch Caesar selbst, indem er in natürlichem Stolze auf seine zahlreichen und schönen Siege mehr zu sein sich dünkte als ein Mensch, von der Menge zwar bewundert, den ämtersüchtigen Optimaten aber war er lästig.... So trat denn eine buntfarbige Gesellschaft gegen ihn zusammen von grossen und kleinen Leuten, von Freunden und Feinden, von Militär- und Civilpersonen, indem jeder seine persönlichen Vorwände in Rechnung stellte und wegen seiner persönlichen Vorwürfe auch den Klagen anderer Gehör schenkte.'

Jeder Unbefangene wird ein bedeutendes Urteil in diesen Sätzen des Nicolaus anerkennen müssen: so besonnen und würdevoll gegen die Verschworenen, so offen über Caesar schreibt kein niedriger Schmeichler des julischen Hauses.

Ebenso zeigt uns die Anlage und der Plan des ganzen Werkes, soweit wir ihn aus den Fragmenten erkennen, den umsichtigen und gründlichen Historiker. Nachdem Nicolaus den jungen Caesar bis Brundisium begleitet und seine Abreise von da nach Rom gemeldet hat, erfahren wir, während Octavian auf der Reise nach Rom zu denken ist, was dort vordem und während der Reise Octavians geschah. Auf diese Weise wird das Auftreten des jungen Caesar in Rom auf das sorgfältigste vorbereitet. Die Disposition seines Werkes von da an giebt uns Nicolaus selbst mit folgenden Worten C. 19: Ἐπιζητεῖ δὲ τοὐντεῦθεν ὁ λόγος ὅπως cυcτήcειαν τὴν ἐπιβουλὴν οἱ cφαγεῖc ἐπὶ Καίcαρα, καὶ ὡc τὸ cύμπαν κατειργάcαντο, τά τε μετὰ ταῦτα πραχθέντα, κινηθέντων τῶν ὅλων. Διέξειμι οὖν αὐτήν τε πρῶτον καθ᾽ ὅτι ἐγένετο καὶ ὅπως, τάς τε αἰτίας ὑφ᾽ ὧν cυcτᾶcα τοcόνδε ἐπεξῆλθεν· ἔπειτα δὲ περὶ τοῦ ἑτέρου Καίcαροc, οὗ ἕνεκα ὅδε ὁ λόγος ὥρμηται, ὅπως τε παρῆλθεν εἰς τὴν ἀρχήν, καὶ ἐπειδὴ ἀντ᾽ ἐκείνου κατέcτη, ὅπως ἔργα πολέμου καὶ εἰρήνης ἀπεδείξατο.

Demnach hatte die weitere Erzählung des N. drei Hauptteile:
  I. Ursachen der Verschwörung, Ermordung Caesars und unmittelbare Folgen.
  II. Emporkommen des jüngeren Caesar (bis zur Schlacht bei Aktium).
  III. Augustus' Pacificierung des Reiches und Verfassung.

Bis in die Zeit, in welcher Nicolaus schrieb, scheint seine Biographie des Augustus sich erstreckt zu haben.

Über die Zeit der Abfassung kann man nur Vermutungen äussern. War der Hauptzweck, den Nicolaus im Auge hatte, der historiographische, so ist es immerhin sehr wahrscheinlich, dass diese Biographie des Augustus in Beziehung steht zu den oben erwähnten Missionen, die den Nicolaus nach Rom führten. In dieser Zeit trat ihm die Person des Kaisers näher und gewann für ihn an Interesse. Bei Gelegenheit der ersten Reise nach Rom a. 16 v. Chr. kann aber das Werk noch nicht verfasst worden sein wegen der Worte des C. 1: ὁπόcοι ἐντὸς Ῥήνου ποταμοῦ κατοικοῦcιν, ὑπέρ τε τὸν Ἰόνιον πόντον καὶ τὰ Ἰλλυριῶν γένη· Παννονίους αὐτοὺς καὶ Δάκας καλοῦcιν. Diese Worte setzen die Siege des Drusus und Tiberius in Germanien, wie in Pannonien und Dacien a. 12—9 v. Chr. voraus. Dagegen passen die citierten Worte sehr gut auf das Jahr 8 v. Chr., in welchem Nicolaus zum zweitenmale als Gesandter des Herodes nach Rom reiste. War doch das bezwungene Deutschland sogar bei Drusus' Tod (a. 9) ruhig geblieben und hatte doch a. 9 Tiberius einen glänzenden Triumph über Pannonien und Dalmatien gefeiert.[1])

Dass das Buch auf der Reise von Asien nach Rom entstanden sein könne, legt uns auch eine andere Spur nahe.

---

1) Schiller I p. 219 und 225.

Das Verhalten des Octavian in Apollonia ist C. 16 und 17 bis ins Detail genau geschildert — ja im Anfange des 16. Cap. steht sogar 'ἐνταυθοῖ' für Apollonia. Sollte das Buch vielleicht in Apollonia geschrieben sein?[1]) Für den Reisenden von Asien nach Rom lag Apollonia am Wege, es war eine beliebte Stelle zur Überfahrt nach Brundisium. Wohl möglich, dass Nicolaus die Stadt, wo Octavian studiert hatte, aufsuchte und vielleicht einen längeren Aufenthalt in ihr nahm — auch die Witterung konnte dazu nötigen —, um von älteren Einwohnern Erkundigungen über Ereignisse einzuziehen, die sich vor 36 Jahren hier zugetragen hatten. Schöpfte er aber die Jugendgeschichte Octavians aus diesen mündlichen Berichten der Apolloniaten, so erklärt sich, auch ohne dass wir besondere Zuthat von Nicolaus annehmen, jenes übertrieben glänzende Bild der Jugend Octavians, das uns in dem ersten Teile der Fragmente entgegentritt.

Wenn wir nach den schriftlichen Quellen des Nicolaus fragen, so muss constatiert werden, dass wir aus seinen Fragmenten keinerlei sichere Handhabe zu einem Urteile darüber entnehmen können, welche Bücher er etwa benutzt haben dürfte. Jedenfalls können wir annehmen, dass Nicolaus als bedeutender Gelehrter vielerlei gelesen und umfassende Quellenstudien getrieben hatte — er brauchte das Material ja auch zu seiner Universalgeschichte — nirgends beschränkt er sich darauf, bloss von Octavian zu reden, sondern schon der ausführliche Excurs über die Verschwörung, die fortwährende Rücksichtnahme auf Magistratswahlen, Verteilung der Machtmittel des Staates, d. i. der Legionen und Provinzen, zeigt uns, dass sein Βίος Καίcαροc auf der breiten Basis einer universalen Geschichtsforschung ruht. — Deshalb wuchs ihm auch sein Werk unter den Händen zu einem stattlichen Umfange — die erhaltenen Fragmente allein, welche, wenn man sich eine Schätzung erlauben darf, kaum den zehnten Teil des ganzen Werkes ausmachen konnten, sind so lang, wie der Brutus des Plutarch. Der grosse Umfang des Werkes scheint Veranlassung dazu geworden zu sein, dass die späteren Partien des Werkes frühzeitig verloren gingen, zumal man für die Geschichte Octavians nach seiner Schilderhebung im Herbste 44 des Kaisers eigene Niederschriften besass. Es ist gewiss auch nicht zufällig, dass die uns erhaltenen Fragmente gerade bis dahin reichen, wo das Monumentum Ancyranum beginnt: 'Annos undeviginti natus exercitum privato consilio et privata impensa comparavi...', sondern dem Excerptor 'de insidiis' haben wahrscheinlich die späteren Partien schon nicht mehr vorgelegen, denn er schliesst C. 31: Τέλοc τοῦ βίου Καίcαροc καὶ τῆc Νικολάου Δαμαcκηνοῦ cυγγραφῆc. Dass sich aber die erste Partie des Buches erhalten hat, beruht wohl darauf, dass man für Octavians Geschichte bis zum Herbste 44 keine

---
1) Cf. Müller III p. 434, 1.

bessere Quelle als Nicolaus besass und deshalb diesen Teil durch unausgesetzte Tradition behielt. Vergebens suchen wir nach umfänglichen Spuren einer Benutzung des Nicolaus bei Plutarch, Appian, C. Dio — nur die Jugendgeschichte des Octavian bei Appian III, 9—14 könnte vielleicht aus Nicolaus stammen. Nicht bei griechischen Historikern finden wir des Nicolaus Tradition wieder, sondern bei Suetonius Tranquillus. — Es wundert mich, dass meines Wissens noch niemand darauf aufmerksam gemacht hat, wie enge Beziehungen zwischen Nicolaus' Fragmenten und den vitae des Caesar und Octavian von Sueton, soweit wir controlieren können, zu bestehen scheinen. Wer etwa C. 76—82 aus dem Divus Julius des Sueton mit Nicolaus C. 19—26 vergleicht, wird eine grosse Verwandtschaft beider Berichte über die Verschwörung constatieren müssen, welche bei weitem bedeutsamer wird, wenn man ersieht, dass viele von Sueton und Nicolaus überlieferte Thatsachen eben nur von diesen Beiden bezeugt sind. Dass vor allem die von Caesar ausgeübte Magistratswahl viele gegen ihn verbitterte (Nicolaus C. 20, Suet. Caes. 76), dass Gerüchte existierten, als wolle Caesar die Residenz nach Alexandria oder Ilium verlegen und Italien zur Provinz machen (Nicolaus C. 20. Suet. 79), dass die Verschworenen grössere Zusammenkünfte vermieden und sich in kleinen Zirkeln trafen (Nicolaus 23. Suet. 80), dass man anfangs daran dachte, den Caesar bei einem Spaziergange auf der Via Sacra, dann bei der Magistratswahl auf dem Campus Martius, dann bei den Gladiatorenspielen zu ermorden (Nicol. 23. Suet. 80): dies alles schreibt ausser Nicolaus nur Suetonius. Ausserdem aber stimmen Nicolaus und Suet. in vielen Punkten miteinander überein, wo Plutarch, Appian, C. Dio entweder untereinander oder von diesen Beiden abweichen, so z. B. in der Geschichte von dem auf einer Statue Caesars gefundenen Diadem und der damit zusammenhängenden Absetzung zweier Tribunen (Nicol. 20 und 22 und Suet. C. 79 und 80, dagegen Appian III, 108. Dio XLIV, 9, 10. Plut. Brut. 9. Caes. 61), ebenso cf. der Bericht über die Opfer vor der Senatssitzung an den Iden des März bei Nik. 24 und Suet. 81 mit App. II, 116. C. Dio XLIV, 17. Plut. Caes. 63. — Man wird hiernach vermuten müssen, dass Sueton den Βίος Καίσαρος des Nicolaus, oder, was auch möglich ist, die betreffenden Partien aus der Universalgeschichte in ausgedehnter Weise benutzt habe. Von einer absoluten Gewissheit ist bei Quellenfragen überhaupt nicht die Rede. Sei es aber auch, dass die augenfällige Übereinstimmung zwischen Nicol. und Sueton darauf beruhe, dass beiden ein und dieselbe Quelle vorlag — soviel ist sicher, dass dem Nicolaus als dem Hauptträger einer von den späteren griechischen Historikern verschiedenen und besseren Tradition in den Untersuchungen über die Geschichtsquellen jener Zeit grössere Beachtung als bisher gezollt werden muss.

Die Geschichtschreibung über die Verschwörung

gegen Caesar und das erste Auftreten Octavians muss das unvollständige Bild, das uns Ciceros Briefe und Reden gewähren, in erster Linie durch Nicolaus und Suetonius, der ihn teilweise repräsentiert, zu ergänzen suchen; die bisher in den Vordergrund gestellten griechischen Quellen Plutarch, Appian, C. Dio sind ungleich geringeren Wertes und dürfen erst in zweiter Linie benutzt werden.

Zweites Kapitel.
Die Gesetzgebung über die acta Caesaris.

Am dritten Tage nach Caesars Ermordung, den 17. März 44, bestätigte der Senat im Tempel der Tellus die acta Caesaris[1]) (SC_1). Über den Inhalt dieses Senatsbeschlusses, sowie über weitere die acta Caesaris betreffende Gesetze hat L. Lange im Gegensatz zu Drumann, Peter u. s. w. in seinen Abhandlungen: 'De legibus Antoniis a Cicerone Phil. V, 4, 10 commemoratis part. I. II. Lips. 1871' eine neuere Ansicht begründet und im III. B. der RA II. Aufl. 1876 p. 488—501 zur Darstellung gebracht. Darnach sind am 17. März als acta Caesaris nur die bereits von Caesar vollzogenen Amtshandlungen, d. h. nach Lange die schon vor dem Tode des Dictators bekannt und giltig gewesenen Einrichtungen, resp. die in das Aerar abgelieferten Gesetze vom Senate bestätigt worden. Bald darauf seien Caesars Verfügungen über Magistrate und Provinzen durch besondere Senatsbeschlüsse als giltig anerkannt worden. Ausserdem aber habe Antonius dem Senate mitgeteilt, dass noch andere heilsame Entschliessungen in Caesars schriftlichem Nachlasse enthalten seien und habe um Ermächtigung zu ihrer Publication nachgesucht. Der Senat habe sich nicht gerade ablehnend verhalten, doch habe er durch das als SC angenommene Votum des Serv. Sulpicius Rufus: 'ne qua post Idus Martias immunitatis tabula neve cuius beneficii figeretur' im voraus erklärt, dass er von Caesar etwa verfügte Steuerfreiheiten oder sonstige Vergünstigungen nicht bestätigen werde (SC_2). Kurz darauf habe der Senat, durch den Entwurf des Antonius zu einer lex de dictatura in perpetuum tollenda wieder sorglos gemacht, dem Drängen des Consuls insoweit nachgegeben, dass er beschloss, dass vom 1. Juni an die Consuln unter Zuziehung einer Commission über den schriftlichen Nachlass Caesars entscheiden sollten (cognoscerent, statuerent, iudicarent: SC_3). Antonius aber habe dies nicht erwartend am 24. April, ohne die Promulgationsfrist einzuhalten, beim Volke eine lex Antonia de actis Caesaris confirmandis durchgesetzt, die ihn mit ganz singulären Vollmachten ausrüstete. Lange selbst sagt darüber p. 494: 'Durch dieses Gesetz ... erhielt er, und zwar

---
1) Dr. I p. 94. P. II p. 383. RA III, 488.

er allein, nicht etwa in Verbindung mit Dolabella, eine Machtvollkommenheit, wie sie Caesar selbst nicht besessen hatte. Denn, wenn dieser auch als Dictator, als Praefectus morum, als Imperator und kraft besonderer Volksbeschlüsse im Besitze ausserordentlicher Vollmachten war, so hatte er doch z. B. nicht das Recht gehabt, rechtskräftig Verurteilte zu restituieren und sich über die Mitwirkung des Senats und des Volkes in jeder Beziehung hinwegzusetzen... Selbstverständlich war durch jene lex Antonia, die bisher übersehen worden zu sein scheint, ohne die aber das ganze Auftreten des Antonius unverständlich ist, das Senatusconsultum über die acta Caesaris ausser Kraft gesetzt...'

In der That war die von Lange gleichsam entdeckte l. d. a. C. bisher weder von den modernen Historikern, noch von denen, welche Übersichten über die römischen Leges gegeben haben, wie Rein und Baiter, berücksichtigt worden. Dies Gesetz teilte also dasselbe Schicksal, wie die auch erst durch Lange erkannte lex Antonia de colonis in agros deducendis[1]), welche nachher in der überraschendsten Weise durch die in Spanien aufgefundene lex coloniae Genetivae bestätigt wurde.[2]) Je wichtiger aber die neue l. d. a. C. nach den citierten Worten Langes zu sein scheint, um so notwendiger erschien auch eine genaue Nachprüfung der von Lange für seine Auffassung des betreffenden Gesetzes, sowie der übrigen Beschlüsse über die acta Caesaris beigebrachten Argumente, wobei ich gleich bemerken will, dass ich mit Lange an der Existenz einer l. d. a. C. festhalte, jedoch über Inhalt und Wichtigkeit derselben, sowie über die Tendenzen des Senats bei dem SC_2 und dem SC_3 zu anderer Ansicht gekommen bin.

Bevor ich jedoch die einzelnen Stadien der Gesetzgebung über die acta Caesaris feststelle, muss ich über den Begriff acta in Hinsicht auf unsern Zweck einiges vorausschicken, weil von der Auffassung dieses Begriffes die Lösung der ganzen Frage nicht unwesentlich abhängt.

Ein Beispiel einer lex über die acta eines Magistrats aus früheren Jahren haben wir in der lex Iulia de actis Pompei[3]) vom J. 59 v. Chr., durch welche das Volk auf Caesars Antrag die von Pompejus in Asien getroffenen Anordnungen nachträglich bestätigte. Dass hierbei der Begriff acta nur bereits von Pompejus vollzogene Amtshandlungen, die auch bereits in Wirklichkeit bestanden, bedeuten

---

1) Lange, de leg. Ant. u. s. w. II p. 11; RA III p. 419. 2) Cf. Ephemeris epigraph. Vol. II 1875 p. 105—152; 221—232. Vol. III 1877 p. 87—112. Die betreffenden Worte im Cap. CIV v. 2: 'qui iussni Caesaris dict. imp. et lege Antonia senat. que. c. pl. sc. ager datus assignatus est.' Mommsen hat in seinem Commentar zur lex Coloniae Genetivae Ephem. ep. II, 189 f. die Thatsache, dass Lange die betr. lex Antonia schon vor Auffindung der Erztafeln in Spanien erkannt hatte, ignoriert.
3) RA III p. 289.

konnte, folgt aus der Natur der Sache. Man muss sich aber hüten, diese Auffassung von acta bei der verschiedenen Machtstellung des Pompejus und Caesar ohne Weiteres auch auf die acta Caesaris, die nach des Dictators Tode bestätigt wurden, zu übertragen. Ebenso falsch freilich wäre es, wollte man den Begriff 'acta', losgetrennt von seiner ursprünglichen staatsrechtlichen Bedeutung 'Amtshandlungen', mit chirographa, commentarii identificieren, was bei einer oberflächlichen Lectüre der Philippischen Reden richtig scheinen könnte. Der Begriff 'acta' kann sprachlich nichts anderes bedeuten, als vollzogene Amtshandlungen. Intentionen können nicht mit darunter gerechnet werden. Es fragt sich aber: Was sind von Caesars Machtstellung aus vollzogene Amtshandlungen? Caesar hatte durch besondere Volksbeschlüsse das Recht erhalten, nicht bloss die ordentlichen, sondern auch die ausserordentlichen Magistrate zu bestimmen, die prätorischen Provinzen ohne Verlosung zu verteilen u. s. w. — Wenn er dabei auf die Mitwirkung des Senats nicht ganz und nicht immer verzichtete, so war dies eine freiwillige Aufmerksamkeit; es wurden also z. B. Personen zu Consuln und Volkstribunen designiert schon dadurch, dass Caesar sie dazu ernannte, wobei die Publicierung der Ernennung keine notwendige Bedingung war. Wenn also Caesar eine Verordnung niederschrieb des Inhalts: 'Anno sequenti consules esse volo C. Vibium Pansam et A. Hirtium', so war dies keine Intention mehr, kein commentarius, kein chirographum, sondern es war eine vollzogene Amtshandlung, ein actum, das nur noch nicht publiciert war, sondern einstweilen im chirographum existierte. Wenn es sich daher am 17. März um eine Bestätigung der acta Caesaris handelte, so sind unter acta nicht nur die bereits in Kraft getretenen publicierten Amtshandlungen, sondern auch die von ihm in officieller Form niedergeschriebenen Decrete gemeint, soweit sie aus den Caesar verliehenen Befugnissen abgeleitet werden konnten. Mit einer Bestätigung der acta Caesaris waren aber z. B. alle Vorfügungen über Provinzen und Ämter bestätigt, dagegen konnte z. B. ein chirographum Caesars, das die Intention ausdrückte, irgend einen gerichtlich Verurteilten zu restituieren, nicht unter die acta gerechnet werden, weil Caesar dazu keine Vollmacht besass, sondern einen derartigen Beschluss erst beim Volke oder beim Senate beantragen musste.[1]) — Mit dieser aus Caesars Machtstellung herausgedeuteten Auffassung von acta Caesaris stimmen die Quellen überein. Nicolaus' Bericht über den 17. März ist leider verloren, doch beweist eine Spur in der Rede der Veteranen an Antonius, dass auch Nicolaus acta Caesaris kannte, welche bei seinem Tode bloss im chirographum existierten. Cap. 29: καὶ γὰρ αὐτοῖς εὐσεβέστερον εἶναι ... καὶ τὰ τυχόντα τῶν ἐκείνου ὑπομνημάτων διασώζειν. Auch Plutarch und Appian[2]) verstehen

---

1) RA III p. 453. 2) Cf. die von Lange zusammengestellten Stellen.

die in Caesars Nachlass enthaltenen, noch nicht publicierten Decrete (ἐγνωϲμένα) mit unter acta, Cassius Dio[1]) wenigstens die Designation der Magistrate. Wichtiger als das Zeugnis der Griechen ist uns Ciceros Autorität Phil. I § 16: 'Primum igitur acta Caesaris servanda censeo, non quo probem — quis enim id quidem potest? — sed quia rationem habendam maxime arbitror pacis atque otii.... doceret (M. Antonius) me vel potius vos, patres conscripti, quem ad modum ipse Caesaris acta defenderet. An in commentariolis et chirographis et libellis se uno auctore prolatis, ne prolatis quidem, sed tantummodo dictis acta Caesaris firma erunt.' Die citierten Worte zeigen, dass zwischen Cicero und Antonius eine Verschiedenheit der Auffassung des Begriffes acta obwaltete; es wäre aber kein 'Drehn und Deuteln' möglich gewesen, wenn acta im SC_1 nur auf bereits in Kraft getretene publicierte Amtshandlungen sich erstreckt hätte. Phil. II, § 100: 'acta enim Caesaris pacis causa confirmata sunt a senatu: quae quidem Caesar egisset, non ea, quae egisse Caesarem dixisset Antonius, unde ista erumpunt, quo auctore proferuntur.' Wenn darnach acta Caesaris oder quae Caesar egisset überhaupt gefälscht werden konnten, so musste doch der Begriff mehr umfassen, als schon ins Aerarium abgelieferte Gesetze, es müssen vielmehr acta auch in Commentarien haben existieren können, die noch nicht publiciert, also noch einer Fälschung ausgesetzt waren. — Dass wirklich derartige acta Caesaris bei seinem Tode vorhanden waren, die erst noch publiciert werden sollten, resp. der Form wegen dem Senate oder dem Volke unterbreitet werden sollten, beweisen ausser den oben citierten Worten des Nicolaus noch andere Spuren. App. III, 5: ἐψηφιϲμένον δ' εἶναι κυρία ὅϲα Καίϲαρι πέπρακτό τε καὶ γενέϲθαι βεβούλευτο, τὰ ὑπομνήματα τῶν βεβουλευμένων ὁ Ἀντώνιος ἔχων .... διότι καὶ ὁ Καῖϲαρ τὰ τοιάδε αἰτήματα ἐϲ τὸν Ἀντώνιον ἐξιὼν ἀνετίθετο ... Wenn man dieser Spur folgen darf (cf. N. c. 29: καὶ μεμνῆϲθαι (Ἀντώνιον) ὧν ἐπέϲκηψεν ὁ πατήρ· [Καῖϲαρ]), so hatte Caesar vielleicht wegen seiner bevorstehenden Abreise in den Partherkrieg dem Antonius eine Reihe acta übergeben, die dieser in Caesars Namen publicieren sollte, wahrscheinlich Landschenkungsurkunden an Veteranen u. a. Decrete dieses Inhalts waren rechtsgiltige acta kraft der lex Iulia de coloniis ... deducendis.[2]) Dagegen ist zu beachten, dass bei der Restitution des Sextus Clodius Antonius sich in dem an Cicero gerichteten Briefe nicht auf die acta Caesaris beruft, sondern nur auf den Commentarius Cic. A XIV, 13 Beilage 1: 'quamquam videor debere tueri commentarium Caesaris.'

Ich wende mich nun zu den einzelnen Gesetzen über die acta Caesaris.

---
1) XLIV, 33.   2) RA III p. 473.

A. SC_1,

am 17. März a. 44 v. Chr. im Tempel der Tellus gefasst. Der Wortlaut des SC_1 lässt sich aus Cic. P XII, 1 ungefähr so construieren: 'C. Iulii Caesaris acta valento; si quae acta in commentariis exstant, ea quoque valento.' Dabei ist der Begriff acta in dem oben definierten Umfange zu verstehen. Drumann und Peter[1]) haben den Begriff fälschlich mit commentarii identificiert und zu weit ausgedehnt, Lange dagegen hat ihn zu eng nur auf die bereits publicierten acta begrenzt. Daher nimmt Lange an, dass dem SC_1 noch ein besonderer Beschluss, welcher die von Caesar für die Jahre 44 und 43 verfügte Verteilung der Provinzen noch besonders legalisierte, gefolgt sei.[2]) Ausserdem statuiert Lange noch einen besonderen Beschluss über die Magistrate, soweit sie von Caesar bestimmt waren, da nicht nur A. Hirtius und C. Vibius Pansa für 43, sondern auch L. Munatius Plancus und D. Brutus für 42 als designierte Consuln, ferner nicht bloss P. Servilius Casca für 43, sondern auch Tullus Hostilius Insteius, L. Clodius für 42 als designierte Tribunen galten.[3]) Prüfen wir die Quellen. Lange citiert für den ersteren Beschluss Plut. Caes. 67. Cic. 42. Ant. 14. Brut. 19, welchen Stellen jedoch deswegen kein Gewicht beizulegen ist, weil Plutarch das spätere SC über die Verleihung von Kreta und Kyrene an Brutus und Cassius fälschlich in den März verlegt. Ausserdem nennt Lange Sueton Aug. 10 'quibus eum (Antonium) invisum sentiebat, maxime quod D. Brutum, obsessum Mutinae, provincia a Caesare data et per senatum confirmata expellere armis niteretur' u. s. w., doch besagen die Worte 'per senatum confirmata' nur eine Bestätigung durch den Senat, ohne dass zu erkennen ist, ob durch das allgemeine SC_1, oder durch ein späteres, besonderes SC. Für das andere SC über die besondere Bestätigung der von Caesar gewünschten Consuln und Tribunen verweist Lange auf Cic. A XIV, 6, 2: 'quid enim miserius quam ea nos tueri, propter quae illum oderamus? etiamne consules et tribunos pl. in biennium, quos ille voluit?' und findet in diesen Worten ein Urteil Ciceros über ein jüngst gefasstes, ihm eben von Atticus mitgeteiltes SC. Aber der vorausgehende Satz: 'quod cum dico, de toto genere dico quid enim miserius' u. s. w. zeigt uns, dass Ciceros Missmut über die Caesarischen Consuln und Tribunen ein Glied ist in einer ganzen Kette von Klagen über die damalige Lage des Staates. Auch ist es unwahrscheinlich, dass ein so wichtiges SC erst gegen die Iden des April hin[4]) gefasst worden sein sollte, so dass in der Zwischenzeit das Anrecht der oben genannten Persönlichkeiten zweifelhaft gewesen wäre. — Bei diesem Mangel an Zeugnissen haben wir kein Recht, Sonderbeschlüsse des Senats über die Ämter und Provinzen anzunehmen, sondern müssen die Giltigkeit

---

1) Dr. I, 109 u. s. w. P. II, 387 u. s. w.   2) RA III p. 490; auch Dr. I, 97 f.   3) RA III p. 491.   4) Lange, De leg. A. u. s. w. II p. 5.

der betreffenden Caesarischen Verfügungen aus dem SC_1 herleiten[1]), wobei natürlich der Begriff acta in dem oben erörterten Umfange anzuwenden ist.

B. SC_2
lautete etwa 'ne qua post Idus Martias immunitatis tabula neve cuius beneficii figeretur' (cf. Cic. Phil. II § 91). Über die Tendenz des Senats bei Annahme dieses von Serv. Sulpicius Rufus rogierten Beschlusses cf. p. 86.

C. SC_3
lässt sich nach Cic. A XVI, 16 und Phil. II § 100 etwa so formulieren: 'ut consules cum consilio Kalendis Iuniis quae Caesar statuisset, decrevisset, egisset cognoscerent, statuerent, iudicarent.'

Lange ist zu seiner oben p. 687 citierten Ansicht über Zeit und Tendenz dieses Beschlusses namentlich mit durch Ciceros Worte an Cassius F XII, 1, 2: 'Cuius aera refigere debebamus, eius etiam chirographa defendimus? 'at enim ita decrevimus'. fecimus id quidem temporibus cedentes, quae valent in re publica plurimum; sed immoderate quidam et ingrate nostra facilitate abutuntur' geführt worden. In der That hängt von der richtigen Interpretation dieser Stelle sehr viel ab. Lange hat sehr wohl erkannt, dass diese Klage Ciceros über die missliche Lage der republikanischen Partei die Quelle alles Übels in einem Beschlusse sucht, der unter Ciceros eigner Mitwirkung entstand.[2]) Aber Lange versteht unter dieser Quelle das SC_3 und ist deshalb genötigt, dieses SC_3 in eine Zeit zu versetzen, wo Cicero noch in Rom war, also nicht nach den Nonen des April.[3]) Lange hält das SC_3 auch nicht für eine Prohibitivmassregel des Senats, sondern für eine Concession an Antonius.[4]) Dem widersprechen nicht nur die Quellen, sondern auch die Argumente, die sich aus dem Gange der Geschichte jener Tage ergeben werden.

Zunächst erhellt aus Cic. Phil. II § 90—100 folgende Ordnung der Begebenheiten:
1) Senatssitzung am 17. März SC_1;
2) funus Caesaris;
3) SC_2 (ne qua post Id. Mart. immunitatis tabula u. s. w.);
4) SC und lex de dictatura in perpetuum tollenda;
5) Publication der leges Iuliae aus dem Caesarischen resp. pseudocaesarischen Nachlasse;

---

1) Man darf nicht die Analogie des Extrabeschlusses über die Colonien (RA III p. 488) für jene Sonderbeschlüsse geltend machen. Auch das Bestehen der von Caesar ausgeführten oder doch geplanten Colonien war im SC_1 mit involviert, der Sonderbeschluss darüber diente nur zur Beschwichtigung der erregten Veteranen; cf. Cic. Phil. I § 6; § 31, wo veteranorum zu lesen ist; A XIV, 14, 2 u. s. w. 2) Lange, De leg. Ant. u. s. w. II p. 6. 3) RA III p. 510. 4) RA III p. 493.

6) SC$_3$ (ut consules cum consilio ... quae Caesar egisset, ... iudicarent);
7) Reise des Antonius nach Unteritalien.

Auch Dio erwähnt das SC$_3$ als Gegenmassregel des Senats gegen die vielen Fälschungen der Caesarischen Verfügungen XLV, 23 [1]) (Ciceros Rede): ʽκαίπερ ὑμεῖς αὐτὰ ταῦτα προορώμενοι (die Fälschungen) ἐψηφίcαcθε μηδεμίαν cτήλην μετὰ τὸν τοῦ Καίcαροc θάνατον, ὡc καὶ παρ' ἐκείνου τῳ δεδομένον τι ἔχουcαν, cτῆναι. καὶ μέντοι καὶ μετὰ ταῦτα ὡc πολὺ τοῦτ' ἐγίγνετο, καὶ ἔλεγεν ἀναγκαῖον εἶναί τινα τῶν ἐν τοῖc γράμμαcι τοῖc τοῦ Καίcαροc εὑρεθέντων ἐκλεχθῆναί τε καὶ πραχθῆναι, ὑμεῖc μὲν μετὰ τῶν πρώτων ἀνδρῶν προcετάξατε αὐτῷ ταῦτα διαλέξαι....'

Schon aus dieser Übereinstimmung des C. Dio mit Cicero scheint mir hervorzugehen, dass das SC$_3$ nach und gegen jene Publikationen von leges Iuliae beschlossen wurde, welche sich Antonius in der zweiten Hälfte des April[2]) zu Schulden kommen liess, aber zu einer Zeit, als Cicero nicht mehr in Rom war. Folglich kann auch Cicero in der oben erwähnten Epistel F XII, 1, 2 nicht das SC$_3$, an dem er gar nicht mitgewirkt hatte, zum Hauptpunkte seiner Selbstanklage machen. Noch anderes ist zu erwägen. Wenn nämlich das SC$_3$ wirklich bereits Anfang April abgefasst worden wäre, was war dann der Grund, die Ausführung einer so dringenden Massregel, wie die Prüfung der Commentare Caesars, die sich in den Händen eines anerkannt gewaltthätigen Mannes befanden, bis zum 1. Juni zu verschieben.[3]) Befand sich doch gerade im Monat April der Senat in Thätigkeit — es ist z. B. am 11. April durch Josephus ant. Iud. XIV, 10, 10 eine Sitzung des Senats bezeugt u. s. w. —, während später voraussichtlich mehr Senatoren auf dem Lande waren. Warum also der fast unbegreifliche Aufschub von beinahe zwei Monaten? Lange hat diese Frage nicht berührt, und doch merkt man seiner Darstellung dieser Vorgänge eine gewisse Gezwungenheit an, da er alle drei SC^a über die acta Caesaris auf den kurzen Raum vom 17. März bis Anfang April zusammendrängen muss. Wie einfach lösen sich dagegen alle Schwierigkeiten, wenn wir den Quellen folgen! Darnach bezeichnet das SC$_3$ den Versuch des Senats, weitere Fälschungen der acta Caesaris und weitere Publikationen solcher angeblicher leges Iuliae zu verhüten — es ist also jedenfalls nicht lange nach der Publikation der lex Iulia de Siculis und der lex Iulia de rege Deiotaro, von denen Cicero am 22. April erfährt[4]), gegeben. Nun verstehen wir auch, warum die Ausführung des Beschlusses

---

1) Nach dieser genaueren Auseinandersetzung ist auch die ungenauere des Dio XLIV, 53 zu interpretieren, mit welcher letzteren Lange irrtümlich seine Ansicht stützen zu können glaubt. 2) Cf. p. 692, 697. 3) Cic. A XVI, 16, 11: cum consules oporteret ex senatus consulto de actis Caesaris cognoscere, res ab iis in Kal. Iun. dilata est. 4) Cic. A XIV, 12.

auf den 1. Juni[1]) vertagt wurde: Antonius unternahm im letzten Drittel des April seine berüchtigte unteritalische Reise[2]), um die dort angesiedelten und anzusiedelnden Veteranen vollends für sich zu gewinnen, welche Reise ihn bis gegen den 23. Mai von Rom fernhielt. Unterdessen hatte der Senat parlamentarische Ferien, seine Thätigkeit sollte erst am 1. Juni wieder in Anspruch genommen werden. Demnach verursachte die Abreise des Consuls die Verschiebung der Ausführung des SC_3 (cf. Cic. A XVI, 16, 11).

Im Monat Mai scheint das SC_3 behufs seiner Bestätigung durch das Volk von einigen dem Antonius feindlichen Tribunen promulgiert worden zu sein (cf. Cic. Phil. III § 23, A XV, 4, 1). Die betreffende lex tribunicia wurde nach Ciceros Zeugnis am 2. Juni gegeben A XVI, 16, 11: 'Accessit ad senatus consultum lex, quae lata est a. d. IIII Non. (Iun.), quae lex earum rerum, quas Caesar statuisset, decrevisset, egisset, consulibus cognitionem dedit', ohne dass sich Antonius, der überhaupt nach seiner Reise auf das Einvernehmen mit dem Senate verzichtete, erheblich darum bekümmert hätte.

Wenn wir nunmehr zu der Interpretation der Stelle F XII, 1, 2 zurückkehren, wird es offenbar, dass Cicero mit den Worten seiner Selbstanklage: 'at enim ita decrevimus' nur auf das SC_1 vom 17. März angespielt haben kann. Diese Erkenntnis ist für das Verständnis des folgenden Abschnittes festzuhalten.

D. Die lex Antonia de actis Caesaris confirmandis.

Wir kommen nun zum Kernpunkte der ganzen Untersuchung, ob Antonius wirklich, wie Lange annimmt, ganz singuläre, noch über Caesars Befugnisse hinausgehende Vollmachten einem besonderen, das SC_1 aufhebenden Gesetze verdankte, mit andern Worten, ob Antonius durch eine l. A. d. a. C. ausdrücklich autorisiert war, ausser den in Caesars Papieren enthaltenen acta auch jede Aufzeichnung Caesars, wie er es ja wirklich that, als ohne weiteres giltige lex zu publicieren, auch wenn das betreffende Schriftstück nur eine Intention ausdrückte, bei deren eventueller Verwirklichung Caesar selbst an die Mitwirkung des Senats oder Volkes gebunden gewesen wäre. Um die Existenz einer lex Antonia in seiner Auffassung zu erweisen, citiert Lange Cic. A XIV, 10, 1 (vom 19. April[3]): 'Itane vero? hoc meus et tuus Brutus egit ... ut omnia facta, scripta, dicta, promissa, cogitata Caesaris plus valerent, quam si ipse viveret?' und glaubt, dass sich die angeführten Worte auf die Promulgation des gedachten Gesetzes beziehen. Aber diese Worte

---

1) P. II p. 391 glaubt fälschlich, dass das SC_3 erst am 1. Juni gefasst sei; da müsste es Phil. II § 100 heissen: 'at sic placuerat Kal. Iuniis, ut' u. s. w., es heisst aber: 'at sic placuerat, ut Kal. Iun.' u. s. w.
2) Cf. meine Dissert. 'De epistulis et a Cassio et ad Cassium' u. s. w. Lips. 1877. p. 18.   3) Cf. p. 704.

könnten uns nur den Zeitpunkt der Promulgation andeuten, wenn dieselbe sonst bezeugt wäre. Da dies aber nicht der Fall, so müssen wir die Klagen Ciceros darauf zurückführen, dass Antonius in diesen Tagen mit dem Nachlasse Caesars in der bekannten Weise zu schalten begann.[1]) Die Hauptstelle, auf welche Lange seine Ansicht gründet, ist Cic. Phil. V § 10: 'quibus de causis eas leges, quas M. Antonius tulisse dicitur, omnis censeo per vim et contra auspicia latas eisque legibus populum non teneri. si quam legem de actis Caesaris confirmandis deve dictatura in perpetuum tollenda deve coloniis in agros deducendis tulisse M. Antonius dicitur, easdem leges de integro, ut populum teneant, salvis auspiciis ferri placet.' Aber gerade diese Stelle bietet für die Langesche Ansicht zwei grosse Schwierigkeiten, deren eine im Wortlaute, deren andere im Zusammenhange begründet ist. Da nämlich das Wort acta nur vollzogene Amtshandlungen bezeichnen kann, wie kommt dasselbe Wort in der l. d. a. C. zu der Bedeutung des schriftlichen Nachlasses? Das Gesetz müsste doch vielmehr lex A. de commentariis C. c. heissen. Betrachten wir zweitens den Zusammenhang. Cicero spricht hier davon, dass alle Gesetze des M. Antonius aufgehoben werden müssten, die Annullierung erstrecke sich natürlich auch auf die heilsamen Gesetze des Usurpators, welche man deshalb von neuem beantragen müsse. Unter diesen heilsamen Gesetzen, die Cicero zur Wiederbeantragung empfiehlt, erscheint nun hier neben der von ihm hoch gepriesenen lex de dictatura in perpetuum tollenda jene l. d. a. C.; aber dies Gesetz war ja nach Lange die legale Basis aller Willkürlichkeiten des Antonius, ein Gesetz, das ihn unabhängiger machte, als Caesar gewesen war. Was konnte Cicero zu dieser Empfehlung bewegen? Gab es doch für die weitere Giltigkeit der wirklichen, unentbehrlichen acta Caesaris das SC_1, auf das man zurückgreifen konnte! Diese sachliche Schwierigkeit ist vom Standpunkte Langes aus unlösbar. — Ausser der eben besprochenen Hauptstelle hat Lange nur wenige Zeugnisse für seine l. d. a. C. c. finden können; er citiert z. B. Cic. Phil. I § 16: 'An in commentariolis et chirographis et libellis se uno auctore prolatis ... acta Caesaris firma erunt' und § 24: 'ergo haec uno, verum optimo auctore domo prolata defendimus ...' und findet darin den Beweis dafür, dass nur Antonius, nicht auch Dolabella, zur Publikation von leges Iuliae ermächtigt gewesen sei. Aber die Worte 'uno auctore prolata' besagen nur, dass niemand anders als Antonius, der im Besitze der Commentare Caesars war[2]), garantierte, dass die als leges Iuliae publicierten Gesetze wirklich von Caesar herrührten. Diese Interpretation wird befestigt durch Cic. Phil. II § 100: 'unde ista erumpunt? quo auctore proferuntur? si sunt falsa, cur probantur?'

---

1) Cf. p. 697. 2) RA III, 495, cf. auch Dio XLIV, 53, 2 .. αὐτὸс ὁ Ἀντώνιος.

Es lässt sich keine unantastbare Stelle beibringen, wo Cicero die l. d. a. C. im Sinne Langes erwähnt hätte; dagegen finden sich viele, wo es berührt sein müsste, wenn es existiert hätte. Oder wie soll man es sich erklären, dass Cicero gerade in den Partien der Philippischen Reden, wo er die Gesetzmacherei des Antonius bis ins Einzelne brandmarkt, von der hochwichtigen l. d. a. C. c., der Basis aller unechten leges Iuliae, beharrlich schweigt? Bot sie vielleicht keine Angriffspunkte? Sie war ohne Einhaltung der Promulgationsfrist durchgesetzt und verstiess gegen das SC_1. Lange selbst hat dieses Schweigen des sonst so wortreichen Cicero auffällig gefunden, seine Motivierung[1]) aber: 'vim enim amplificationum suarum minuisset (Cicero) et infregisset, si legis mentionem fecisset, quae quamvis vitiose lata sit et quamvis iniquam potestatem M. Antonio dederit, nihilo setius fuit lex ..' kann uns durchaus nicht befriedigen.

Nicht nur Ciceros Schweigen spricht gegen Langes Auffassung, sondern auch Ciceros Rede. Überall nämlich, wo Cicero die echten und unechten acta Caesaris geisselt — ausser Phil. V, 10 —, wird deren Geltung auf das SC_1, niemals auf eine spätere lex A. zurückgeführt, so z. B. Phil. II § 100: 'acta enim Caesaris pacis causa confirmata sunt a senatu' u. s. w.

Cic. A XIV, 12, 2: 'nam quae ille facturus non fuit, ea fiunt, ut de Clodio ... sequetur Rufio Vestorianus, Victor numquam scriptus, ceteri quis non? cui servire ipsi non potuimus, eius libellis paremus. nam Liberalibus quis potuit in senatum non venire?' Noch deutlicher redet die schon oben citierte Stelle Cic. F XII, 1, 2: 'cuius aera refigere delebamus, eius etiam chirographa defendimus. at enim ita decrevimus', scil. ut si quae acta in chirographis exstarent, ea quoque valerent. — Die erstere Briefstelle ist vom 27. April[2]), die andere c. vom 4. Mai[3]), die lex d. a. C. ist nach Lange am 24. April gegeben — hier also müsste Cicero anstatt des SC_1 anzuklagen, die lex A. nennen.

Nach diesen Ausführungen scheint es mir festzustehen, dass es eine l. d. a. C. im Sinne Langes nicht gegeben hat. Wie vereinigen wir aber mit diesem negativen Resultate die ausdrückliche, unanfechtbare Erwähnung einer lex Antonia de actis Caesaris confirmandis bei Cic. Phil. V, 10? Zu einer positiven Construction zeigt uns den richtigen Weg die Analogie der zugleich mit der l. d. a. C. an dieser Stelle als heilsam erwähnten leges de dictatura in p. t. und de colonis in agros deducendis. — Wir wissen nämlich, dass die Aufhebung der Dictatur durch ein SC beschlossen war, welches dann auf Antrag der Consuln vom Volke zu einer lex erhoben wurde.[4])

---

1) De leg. Ant. II p. 8. 2) Cf. p. 704. 3) Cf. meine Dissert. 'De epist. et a Cassio et ad Cassium' u. s. w. p. 19 f. 4) Lange 'De leg. Ant.' u. s. w. I, p. 7—10. RA III, 492.

Ebenso hat Lange mit unumstösslicher Sicherheit bewiesen, dass jenes mehrfach bezeugte SC vom 17. März, durch welches ausser der allgemeinen Bestätigung der acta Caesaris besonders noch den Veteranen die von Caesar teils schon überwiesenen, teils erst versprochenen Ländereien garantiert wurden, zu einer lex Antonia de Colonis in agros deducendis gemacht worden ist.[1]) So ist denn nach dem Vorigen keine andere Lösung möglich, als dass auch das SC_1 vom 17. März später durch das Volk zu einer lex erhoben wurde, so zwar, dass also SC_1 und lex d. a. C. materiell identisch, nur formell verschieden sind.

Bei dieser Auffassung ist es nun gar nicht mehr wunderbar, weshalb Cicero die lex d. a. C. zur Neubeantragung empfiehlt; hatte er doch selbst seiner Zeit für das betreffende SC_1, dessen Bestätigung die lex war, gestimmt, und wohl erkannt, dass eine legale Grundlage für die Geltung der den Republikanern so günstigen Ämter- und Provinzenverteilung unentbehrlich war. — Dass aber dieses Gesetz nur an der einen Stelle Phil. V, 10 als lex erwähnt wird, erklärt sich daraus, dass hier wegen der Neubeantragung ein formell genauer Ausdruck nötig war; sonst lag es für Cicero näher, auf das materiell gleiche Senatusconsult zu recurrieren, wie er ja auch statt der lex tribunicia de actis C. vom 3. Juni[2]) meist das SC_3 citiert (Phil. II, 100; A 16, 16, 6. 8. 11. 14), weil sie nur die Befestigung eines identischen Senatsbeschlusses war.

Noch sind die inneren Gründe zu berühren, mit denen Lange seine Auffassung der l. d. a. C. c. stützt. Lange sagt darüber RA III p. 495: 'Selbstverständlich war durch jene Lex Antonia, die bisher übersehen worden zu sein scheint, ohne die aber das ganze Auftreten des Antonius unverständlich ist, das Senatsconsultum über die acta Caesaris ausser Kraft gesetzt, das Antonius, ohne eine Vollmacht vom Volke erhalten zu haben, trotz aller Neigung zur Willkür nicht hätte ignorieren können.'

Das stärkste Argument dagegen liegt in der Thatsache, dass Antonius schon vor dem 24. April — also ohne die von Lange geforderte Ermächtigung — leges aus dem Nachlasse Caesars publicierte, so die lex Iulia de Siculis und die lex Iulia de rege Deiotaro, von denen Cicero bereits am 22. April[3]) Kenntnis hat, welche also spätestens am 19. oder 20. April veröffentlicht sein können; wahrscheinlich aber hat Antonius schon bald nach den Iden des April ähnliches veröffentlicht: darauf deutet in demselben Briefe Ciceros A XIV, 12, 1 das 'sescenta similia' in Verbindung mit der Thatsache, dass Cic. A XIV, 10, 1 bereits am 19. April schreibt: 'ut omnia facta, scripta, dicta, promissa, cogitata Caesaris plus valerent, quam

---

1) Alle früheren Historiker wie Drumann, Peter, Merival u. s. w. haben die lex entweder ganz übersehen oder mit der lex agraria des L. Antonius verwechselt. Cf. Lange 'De leg. Ant.' II p. 11 ff.   2) RA III, 500.   3) Cic. A XIV, 12. Cf. unten p. 704.

si ipse viveret?' — damals aber konnte Antonius sicherlich seine Ermächtigung doch nur aus dem SC_1 he... .on!

Dass natürlich der Senat, als er am 17. März, noch bestürzt durch Caesars Ermordung und geängstigt durch die Veteranen und die Truppen des Lepidus[1]), die acta Caesaris bestätigte, eine so weite Auffassung des Begriffes acta, wie sie dann Antonius einführte, nicht für möglich hielt, geschweige denn beabsichtigte, ist klar; er wollte nur eine legale Basis für die Anerkennung der caesarischen Ämter- und Provinzenverteilung, sowie für die Geltung anderer, unentbehrlicher Einrichtungen (z. B. der Veteranencolonien) schaffen. Dabei gebrauchte der Senat, anstatt sich nur auf die notwendigen Sonderbeschlüsse einzulassen, in einer durch die Umstände wohlerklärlichen Kurzsichtigkeit einen umfassenden Begriff, der dem willkürlichen Antonius nach zwei Seiten hin eine Operationsbasis bot: erstlich durch Fälschung der in seiner Gewalt befindlichen Aufzeichnungen Caesars (cf. lex Iulia de Siculis, de rege Deiotaro etc. Cic. A XIV, 12, 1; 19, 2; Phil. I, c. 10; II c. 30, 37 etc.), zweitens durch Beanspruchung einer grösseren Machtbefugnis für den toten Dictator, als derselbe bei Lebzeiten gehabt hatte (cf. lex Iulia de exsulibus Cic. Phil. c. 38 etc.).

Dass Antonius damit einen Missbrauch der facilitas des Senats beging, sagt auch Cicero F. XII, 1, 2 im Anschlusse an das mehrfach citierte: 'At enim ita decrevimus' mit folgenden klaren Worten: 'Fecimus id quidem temporibus cedentes, quae valent in re publica plurimum; sed immoderate quidam et ingrate nostra facilitate abutuntur.'

Freilich zeigte Antonius nicht gleich nach dem 17. März sein wahres Gesicht; vielleicht hat auch er erst im Laufe der Tage die famose Handhabe kennen und schätzen gelernt, die ihm der Leichtsinn des Senates am 17. März in die Gewalt gegeben — von schüchternen Versuchen kam er zu kühnerem Wagnis, und dann zu gemeiner Fälschung. So hat er noch am 11. April[2]) das allgemein bekannte, unter Caesars Vorsitz bereits am 9. Februar gefasste SC de Iudaeis vor seiner Ablieferung ins Aerarium dem Senate nochmals zur Bestätigung vorgelegt, diesem somit den Schein der Souveränetät belassend. Und doch muss Antonius schon vorher geäussert haben, dass er ausser den acta Caesars, welche Ämter, Provinzen, Colonien etc. betrafen, auch andere in Caesars Commentarien wirklich oder angeblich aufgezeichnete Intentionen des Dictators verwirklicht, demnach auch als acta betrachtet wissen wollte, sodass dem Senate die ersten Befürchtungen aufstiegen[3]), die sich in Fragen[4]) über den Inhalt dieser Commentare, namentlich aber im SC_2 (des

---

1) Nic. Damasc. 27.   2) RA III, 491.   3) Dio XLV, 23: προορώμενοι etc.   4) Cic. Phil. I § 2: 'nihil tum nisi quod erat notum omnibus in C. Caesaris commentariis reperiebatur; summa constantia ad ea, quae quaesita erant, respondebat. num qui exules restituti? unum

Ser. Sulpicius Rufus) „ne qua post Idus Martias immunitatis tabula neve cuius beneficii figeretur" äusserten. Dieses SC_2 bezeichnet demnach den Anfang der Reaktion des Senats gegen die eigene facilitas, denn es sollte offenbar das leichtsinnige SC_1 wenigstens nach einer Richtung hin einschränken.

Wie wenig sich Antonius überdies später um legale Grundlagen kümmerte, beweist sein Verfahren gegenüber dem am 2. Juni zur lex erhobenen SC_3. Er wendete das Gesetz bei unwichtigen Sachen z. B. betreffs der Buthroter an, publicierte aber eigenmächtig die lex Iulia de insula Creta.

Die Frage nach der Zeit, in welcher wohl die Bestätigung des SC_1 durch das Volk erfolgte, ist nach unserer Darlegung nur von untergeordnetem Interesse; es handelt sich bei einer zu versuchenden Datierung im Wesentlichen darum, ob die Promulgationsfrist eingehalten wurde oder nicht. Wir haben keinen Grund das letztere anzunehmen, gerade so wenig, wie bei den andern leges, die Phil. V, 10 erwähnt werden. Da nun alle Tage vom 5.—23. April nefasti oder nefasti principio waren[1]), so werden wir das von Lange für die Bestätigung der beiden andern SC de dictatura in p. t. und de colonis in a. d. wahrscheinlich gemachte Datum d. 24. April auch für die lex d. a. C. c. in unserem Sinne beibehalten können. Es bekam also an diesem Tage das, was der Senat am 17. März und bald darauf (über die Dictatur) decretiert hatte vom Volke seine Bestätigung. Dass in Ciceros Briefwechsel mit Atticus diese Bestätigung gar nicht erwähnt wird, also für etwas Unwichtiges angesehen wurde, ist uns ein letzter Beweis dafür, dass alle drei Gesetze nichts Neues enthielten, sondern materiell längst bekannt und gebilligt waren.

Schliesslich bemerke ich, dass nachdem Cicero am 1. Januar d. J. 43 die Annullierung der leges Antoniae durch die 5. Phil. Rede vergebens verlangt hätte[2]), seinem Wunsche im Monat Februar gewillfahrt wurde.[3]) Dadurch war natürlich auch die l. d. a. C. aufgehoben; da aber eine legale Grundlage der Geltung der acta Caesaris noch immer als unentbehrlich erschien[4]), beantragte der Consul C. Vibius Pansa auf Veranlassung des Senats[5]) eine lex Vibia de actis Caesaris, die bereits zur Zeit der 10. Phil. Rede, also c. Iden des Februar[6]), promulgiert war, demnach wohl noch im Februar angenommen wurde.

---

aiebat, praeterea neminem. num immunitates datae? ‚nullae' respondebat. adsentiri etiam nos Ser. Sulpicio ... voluit, ne ...'

1) Lange 'de leg. Ant.' I, p. 10. 2) Cic. Phil. V, 10. 3) Cic. Phil. XII, 11 u. 12; XIII, 5; XIV, 5. Dio XLVI, 36. 4) Cic. Phil. V, 10.
5) Cic. Phil. X, 17: quae enim Caesar egit, ea rata esse non curat: (Pansa) de quibus confirmandis et sanciendis legem comitiis centuriatis ex auctoritate nostra laturus est. 6) Cf. meine Diss. 'De epist. et a Cassio et ad Cassium etc.' p. 27 u. 28.

Drittes Kapitel.
Provinzen und Legionen.

Nach Caesars am 17. März bestätigten Dispositionen sollten im J. 44 folgende Statthalter in den Provinzen sein: C. Asinius Pollio in Hispania ulterior, M. Aemilius Lepidus in Hispania citerior und Gallia Narbonensis, A. Hirtius, vertreten durch Aurelius in dem nordöstlichen, L. Munatius Plancus in dem übrigen Theile des von Caesar eroberten Gallien, D. Brutus in Gallia cisalpina, C. Trebonius in Asia, L. Tillius Cimber in Bithynia, L. Statius Murcus (unterstützt von Q. Marcius Crispus gegen Q. Caecilius Bassus) in Syrien, Q. Hortensius Hortalus in Macedonien, Q. Cornificius in Africa, T. Sextius in Numidien, P. Vatinius in Illyrien, M'. Acilius Glabrio in Achaja, A. Pompejus Bithynicus in Sicilien.[1]) Für das Jahr 43 sollte Macedonien an M. Brutus und Syrien an C. Cassius übergehen.[2]) Diese Verteilung wurde bekanntlich nach Caesars Tode mehrfach geändert.

A. Die lex Antonia Cornelia de provinciis Macedonia et Syria.

Das erste Angriffsobjekt für Antonius und seinen Anhang boten die dem M. Brutus und C. Cassius bestimmten Provinzen Macedonien und Syrien. Nach der allgemeinen Ansicht bewarb sich Dolabella im Einverständnisse mit Antonius für das Jahr 43 beim Volke um Syrien sammt den für den Partherkrieg nach Macedonien vorausgeschickten Legionen.[3]) Appian erwähnt vorausgehende Verhandlungen in der Curie[4]), doch ist sein Zeugnis nicht gewichtig genug, um diese an sich unwahrscheinliche Bewerbung Dolabellas beim Senate für sicher beglaubigt zu halten.[5]) Jedenfalls konnte der Senat Dolabellas Wünschen nicht willfahren; Dolabella bekam Syrien durch eine lex consularis. Zeit und genauerer Inhalt des Gesetzes sind schwer zu bestimmen. Bisher dachte man sich das Gesetz im Monat April rogiert. In derselben Zeit bekam nach der verbreitetsten Ansicht Antonius Macedonien.[6]) Dagegen wandte sich neuerdings P. Krause: „Appian als Quelle für die Zeit von der Verschwörung gegen Caesar bis zum Tode des Decimus Brutus", Teil I. Rastenburg 1879, p. 15—17[7]), und behauptete, sowohl die Verleihung Syriens an Dolabella, als auch Macedoniens an Antonius falle viel später, weil Cicero in den Briefen an Atticus während der Monate April, Mai, Juni nichts von diesem Verlust der republicanischen Partei schreibe, in die Zeit von Ende Juli bis Mitte August, aus

---
1) RA III, 464. 465.   2) RA III, 490.   3) Cic. A XV, 11, 4; App. III, 7 f. 12, 16, 24, 36; IV, 57. Vell. Pat. II, 60; Dio XLVII, 29.
4) App. III, 7.   5) Dr. I, 259 hält diese Senatsverhandlungen für sicher.
6) Peter III, 382; RA II, 498.   7) Cf. p. 6.

welcher wir keine Briefe Ciceros an Atticus besitzen. In demselben Zeitraume wurden nach Krause für M. Brutus Creta, für C. Cassius Cyrene als Entschädigung bestimmt.[1]) In demselben Zeitraume von Ende Juli bis Anfang September ist nach Krause aber auch die lex Antonia de permutatione provinciarum, welche dem Antonius Gallia cisalpina statt Macedonien verlieh, durchgesetzt worden.[2]) — Zu diesen Ansätzen ist Krause dadurch gekommen, dass er den Bericht Appians vollständig verworfen hat, und zwar nicht nur dann, wenn Cicero anderes bietet, sondern auch in dem Falle, wo die von Appian gemeldeten Ereignisse nicht auch bei Cicero erwähnt werden. Krause hat eben den Versuch gemacht, bloss mit Cicero auszukommen, und operiert, wo Cicero nicht redet, mit seinem Schweigen derart, dass er den Satz aufstellt: Was in den betreffenden Briefen an Atticus vom April bis Mitte Juli 44 nicht berührt ist, hat sich in dieser Zeit nicht zugetragen.[3]) Dass aber Ciceros Schweigen eine sehr trügerische, ja sogar unmögliche Basis für historische Combinationen ist, habe ich oben p. 666 ausführlich besprochen. Leider hat sich Krause diesen naheliegenden Erwägungen verschlossen und hat uns ein chronologisches Luftschloss aufgebaut, das den Angriffen einer ernsten Kritik nicht Stand halten kann. — Denn erstlich ist es sehr unwahrscheinlich, dass Verordnungen, die einander aufheben, wie die Verleihung Macedoniens an Antonius und die l. d. perm. pr., welche ihm Gallia cisalpina verlieh, in der kurzen Spanne eines Monats erfolgt seien, sodass also Antonius schon etwa eine Woche nach der Verleihung Macedoniens die l. d. perm. pr. promulgiert hätte. Gewichtiger noch ist der Grund, der sich aus den Beziehungen des Antonius zum Senate ergiebt. Bekanntlich war ja die Forderung Macedoniens nur ein Manöver des Antonius, um den Senat über seine wahren, von Anfang an auf Gallien[4]) gerichteten Absichten zu täuschen, sie müsste also in eine Zeit fallen, als Antonius noch darauf bedacht war, ein leidliches Einvernehmen mit dem Senate zu erhalten. Aber in den Monaten Juli und August war ja Antonius gerade auf der Höhe seiner Macht, hatte längst schon mit dem Senate gebrochen und auf dessen legislative Mitwirkung verzichtet[5]) — was sollte wohl den Antonius damals noch dazu bewegen, vom Senate erst Macedonien zu verlangen, während er doch ohne Mühe von der Volksversammlung geradenwegs Gallien haben konnte? Dieser Schachzug des Antonius hatte nur Sinn in einer Zeit, als die Machtverhältnisse beider Parteien noch schwankten,

---

1) P. 16—17.   2) P. 22.   3) Kr. p. 1: '... ich entnehme meine Gründe für die Verwerfung einzelner Nachrichten Appians auch aus dem Schweigen Ciceros an Stellen, wo wir sicher über das betreffende Ereignis etwas finden würden, wenn es sich überhaupt zugetragen hätte.' cf. Kr. I p. 21.   4) Cf. p. 706 f.   5) Cic. Phil. I, § 6: Ecce enim Kalendis Iuniis, .. mutata omnia: nihil per senatum, multa et magna per populum ..

also vor seiner berüchtigten Reise nach Unteritalien im Monat April. Es gehört kein allzutiefes Verständnis der politischen Vorgänge des Jahres 44 dazu, um schon hiernach die Unhaltbarkeit der Krauseschen Hypothese zu begreifen. Aber auch die positive Construction einer richtigen Chronologie der erwähnten Gesetze wird uns ermöglicht und zwar gerade durch Appian, der nach Krause eigentlich aus der Liste der Quellen zu streichen wäre. — Appian schreibt nämlich bei der Schilderung der Reise, die Octavian nach Caesars Tode nach Rom unternahm III, 12: ὄντι δ' αὐτῷ περὶ Ταρρακίνας, ἀπὸ τετρακοςίων που 'Ρώμης ςταδίων, ἀγγέλλεται Κάςςιός τε καὶ Βροῦτος ἀφῃρημένοι πρὸς τῶν ὑπάτων Cυρίαν καὶ Μακεδονίαν. Darnach erfuhr Octavian, als er in der Gegend von Tarracina, 400 Stadien = 50 Milien von Rom entfernt, sich aufhielt, dass dem Cassius und Brutus von den Consuln Syrien und Macedonien genommen worden waren. Diese durch ihr Detail durchaus glaubhafte Nachricht[1]) durfte Krause um so weniger verwerfen, als er selbst vermutet, sie stamme aus den Memoiren des Augustus.[2]) — Waren den beiden Verschworenen ihre Provinzen entrissen worden, als Octavian in Tarracina verweilte, so lässt sich das erstere Ereignis chronologisch bestimmen, wenn wir nachweisen können, wann Octavian in Tarracina sich aufhielt. Diesen Zeitpunkt aber finden wir aus Nicolaus und Ciceros Briefen und gewinnen so eine Basis zu weiterer Construction. — Nic. c. 16 schreibt, dass Octavian die Nachricht von der Ermordung Caesars durch einen gleich nach der That abgeschickten Boten bekam, der eines Abends in Apollonia ankam. Bald darauf reiste Octavian von Apollonia ab. Ein Briefbote gelangte damals etwa am 10. Tage von Rom an das illyrische Gestade[3]), also etwa um 25. März. Demnach landete Octavian bei Lupiae in Calabrien in den letzten Tagen des März. Von da begab er sich zunächst nach Brundisium (Nic. c. 18). Dazu stimmt, dass Cic. A XIV, 5, 3, der davon wohl auf dem Umwege über Rom durch Atticus unterrichtet war, am 11. April schreibt: 'Sed velim scire, quid adventus Octavii, num qui concursus ad eum'. Am 18. April kam Octavian nach Neapel (Cic. A XIV 10, 3), am 22. April ist er zu Puteoli, wo er dem Cicero einen Besuch abstattete (Cic. A XIV, 12, 2).[4]) Da Octavian sehr langsam reiste, indem er sich in vielen Militärcolonien seines Adoptivvaters begrüssen liess, wird er mindestens die doppelte Frist eines gewöhnlichen Reisenden gebraucht

---

1) Diese Nachricht und ihre Verwendung kann als Beispiel dienen für den p. 669 von mir über die Benutzung Appians aufgestellten Grundsatz. 2) Die directe Benutzung der Memoiren des Augustus durch Appian ist nach p. 667 nicht wahrscheinlich; die Notiz könnte auch aus Nic. Damasc. oder aus einer andern griech. Biographie des Augustus genommen sein. 3) Cf. meine Dissert. p. 11. 4) Über Ort und Zeit der Abfassung dieser Briefe Ciceros, sowie der entsprechenden des Atticus siehe p. 703 f.

haben, um die c. 90 Milien von Puteoli bis Tarracina zurückzulegen, etwa 5 Tage.¹) Demnach war Octavian etwa 26. oder 27. April in Tarracina; dieser ungefähre Termin — denn nur um einen solchen kann es sich handeln — wird dadurch bestätigt, dass Atticus am 7. oder 8. Mai an Cicero geschrieben hatte, man erwarte, dass Octavian sich durch den Tribunen L. Antonius zu Rom dem Volke werde vorstellen lassen. Das fragliche Gesetz muss natürlich ein oder zwei Tage eher angenommen worden sein, als Octavian in Tarracina davon hören konnte, also um die Mitte des letzten Aprildrittels. Nun ist aber wieder ein gewichtiger Grund vorhanden, lieber an den Anfang als an das Ende dieses kleinen Spielraums zu denken. Denn Antonius reiste noch im April und zwar nicht erst in den allerletzten Tagen nach Untcritalien (Cic. Phil. II, § 100), er war aber ausser Dolabella Mitantragsteller²), musste also am Tage der Comitien noch in Rom sein. Demnach wird man eher an den 24. April, als an den 25. oder 26. als Tag der Rogation denken. Vor dem 24. April aber kann das Gesetz auch nicht rogiert sein, weil alle Tage von den Kalenden der April bis mit dem 23. April entweder dies nefasti oder dies nefasti principio waren, an denen die Comitien nicht berufen werden durften. Hätten die Consuln an solch einem Tage mit Verletzung der Kalenderordnung das Gesetz beantragt, Cicero hätte ihnen als Augur in den Philippischen Reden sicherlich nicht den Vorwurf dieses Frevels erspart! Da wir aber diesen Vorwurf nirgends finden, so drängt unsere Deduction darauf hin, dass die lex Antonia Cornelia de provinciis Macedonia et Syria — so nenne ich das Gesetz, indem ich der folgenden Beweisführung vorgreife — am 24. April, einem auch sonst für die Gesetzgebung des J. 44 wichtigen Tage³), rogiert sein muss. — Bestätigt wird dieses Datum durch Ciceros Briefwechsel aus diesen Tagen. Dabei handelt es sich, da ein Briefbote mit Nachrichten vom 24. April ehestens am 26. Abends⁴) zu Cicero nach Puteoli gelangen konnte, um die Briefe vom 26. und 27. April. Da ist es denn auffällig, wie lebhaft in dieser Zeit Ciceros Correspondenz mit Atticus ist, viel lebhafter als vorher und nachher. Zum Beweise stelle ich die Data der Briefe vom 18. April bis zum 1. Mai zusammen, indem ich die mutmasslichen Briefe des Atticus mit Ziffern bezeichne und zwar in der Ordnung, in welcher sie bei Cicero eintrafen, da sich nicht bei allen bestimmen lässt, wenn sie Atticus geschrieben:

Atticus 1 cf. Cic. A XIV, 9, 1.
d. 18. April⁵): Cicero A XIV, 9.

---

1) Cf. meine Dissert. p. 5. 2) Cf. Cic. F. XII, 14, 6. 3) P. 699.
4) Meine Dissert. p. 4. 5) Den Brief Cic. A XIV, 9 glaubte ich früher an falscher Stelle überliefert, cf. meine Dissert. p. 6, und wollte ihn zwischen 13. und 14. Brief desselben Buches einschieben. Doch hat mich eine erneute Erwägung veranlasst (Erwähnung der Cluvianischen Grundstücke § 1 cf. Cic. A XIV, 11, 2; Schilderung der Badegesellschaft

		Atticus 2 cf. Cic. A XIV, 10, 3.
d. 19. April:		Cicero A XIV, 10 (cf. § 3 u. Cic. A XIV, 11, 1).
		Atticus 3 cf. Cic. A XIV, 11, 1.
d. 21. April[1]):		Cicero A XIV, 11.
d. 22. April:		Atticus 4 (?).
		Cicero A XIV, 12.
d. 25. April:		Atticus 5 (geschrieben am 19. Ap. cf. Cic. A XIV, 13, 1).
d. 26. April:		Cicero A XIV, 13.
d. 26. April:		Atticus 6 (geschrieben d. 24. Ap. cf. XIV, 14, 1)
d. 27. April:		Cicero A XIV, 14.
d. 27. April:		Atticus 2 cf. Cic. A XIV, 14, 2.
d. 27. April:		Cicero Postscriptum zu A XIV, 14.
d. 1. Mai:		Atticus 8 cf. Cic. A XIV, 15, 2.
		Cicero A XIV, 15.

Ist schon die ungewöhnliche Zahl der Briefe an den beiden Tagen auffallend, so erfahren wir ausserdem durch Ciceros Worte, dass wichtige Nachrichten in dem Briefe des Atticus vom 24. April enthalten waren. Denn Cicero erwidert A XIV, 14, 1: 'Ego autem casu cum dedissem ad te litteras VI Kal., tribus fere horis post accepi tuas et magni quidem ponderis.' Freilich ist in diesen Worten nichts direct von den zu Rom angenommenen Gesetzen erwähnt, aber zwischen den Zeilen kann man lesen, dass eben etwas für Brutus und Cassius Unangenehmes passiert war. Denn weiterhin schreibt Cicero: 'ita Brutum Cassiumque defendis, quasi eos ego reprehendam, quos satis laudare non possum: rerum ego vitia collegi, non hominum; sublato enim tyranno tyrannida manere video. sed praeterita omittamus; istos omni cura praesidioque tueamur et, quem ad modum tu praecipis, contenti Idibus Martiis simus, quae quidem nostris amicis, divinis viris, aditum ad caelum dederunt, libertatem populo Romano non dederunt.' Unter Berücksichtigung der vorigen Argumente kann man in diesen Worten allerdings eine Bestätigung dafür finden, dass Brutus und Cassius am 24. April ihre Provinzen verloren. Das aber Cicero das betreffende Gesetz vom 24. April nicht mit offenen Worten nennt, worauf Krause soviel Gewicht legt, auch sich gar nicht überrascht zeigt, erklärt sich sehr natürlich daraus, dass Cicero zur Zeit, als das Gesetz promulgiert wurde, was spätestens um die Nonen des April geschehen sein muss, noch in Rom war — Ciceros erster Brief aus dem suburbanum des Matius

---

in Puteoli § 2; u. s. w.) diesen Brief für den ersten aus Puteoli zu halten und am überlieferten Orte stehen zu lassen. Das Datum muss freilich aus den früher von mir geltend gemachten Gründen so spät als möglich (18. April) angesetzt werden. Ausserdem ist anzunehmen, dass die Nachricht vom Tode Caesars (§ 3) sich abnorm schnell verbreitete.

1) Baiter setzt fälschlich über diesen Brief a. d. XII Kal. Mai. statt XI Kal. Mai. Auch ist Cic. A XIV, 10 aus dem Cumanum (§ 3) und Cic. A XIV, 11 aus Puteoli (§ 2) geschrieben.

ist vom 7. April — also den Entwurf der lex Antonia Cornelia schon kannte. Auch war die Annahme des Gesetzes durch den den Caesarianern günstigen Volkshaufen und die Veteranen gewiss von ihm vorausgesehen worden, sodass er, als das schmerzliche Ereignis nun wirklich eintrat, mehr allgemein die Lage seiner Partei und die Ohnmacht der Republik gegen weitere Gelüste des Antonius beklagt. Durch diese Annahme, dass das betr. Gesetz dem Cicero lange vor der Annahme durch die Promulgation bekannt war, erklärt sich die gelegentliche ironische Bemerkung, mit welcher er bereits am 18. April[1]) ein Referat über Syrien abbricht A XIV, 9, 3: 'sed Dolabella et Nicias viderint', eine Bemerkung, die z. B. Peter[2]) verleitet hat, die Annahme der lex Cornelia de provincia Syria in die Tage unmittelbar nach der Entfernung des Brutus und Cassius aus Rom zu verlegen, also auf dies nefasti oder nefasti principio. Dagegen löst sich jede Schwierigkeit durch Annahme vorstehender Berechnungen und Ansätze.

Noch ist die Frage nach dem Inhalte des Gesetzes übrig.

Schon durch den vorausgestellten Namen lex Antonia Cornelia de provinciis Macedonia et Syria habe ich angedeutet, dass durch das Gesetz nicht nur Dolabella Syrien, sondern auch wohl Antonius Macedonien vom Volke erhielt. Das läuft der allgemeinen Ansicht und dem Berichte Appians zuwider. Derselbe schreibt III, 8: τὴν βουλὴν ὁ Ἀντώνιος ᾔτει Μακεδονίαν, εὖ εἰδὼς ὅτι αἰδέςονται μετὰ Cυρίαν δοθεῖςαν Δολοβέλλᾳ, ἀντειπεῖν περὶ Μακεδονίας Ἀντωνίῳ καὶ ταῦτα γυμνῆς στρατοῦ γενομένης. Dem Appian schliesst sich ausser Drumann und Peter im Wesentlichen auch Lange an RA III, 498: 'Hierauf bat Antonius ... den Senat um die Provinz Macedonien; der Senat konnte, da die Bitte im Vergleich mit dem, was Dolabella erhalten hatte, bescheiden war, und da keine Gefahr darin zu liegen schien, wenn Antonius Macedonien ohne jene Legionen besässe, dies nicht abschlagen.' Diese Rechtfertigung des Appianischen Berichtes überzeugt mich durchaus nicht; wenige Tage vorher, etwa seit dem 20. April, hatte Antonius begonnen, durch Publication der gefälschten leges Iuliae eine fürchterliche Waffe gegen den Senat ins Feld zu führen — und nun sollte dieser ihm die zuvor dem M. Brutus bestimmte Provinz erteilen? So etwas wäre nur denkbar von einer durch Waffengewalt terrorisierten oder aus lauter Schwachköpfen bestehenden Versammlung — aber der Senat beschloss ja noch in derselben Zeit: 'ut consules cum consilio Kalendis Iuniis quae Caesar statuisset, decrevisset egisset cognoscerent, statuerent, indicarent,' die Gewaltherrschaft des Antonius begann erst, nachdem er sich seine Leibwache aus Unteritalien geholt hatte. Deshalb

---

1) Cf. p. 703 Anm. 5.   2) Schon Dr. hat diesen Brief für die lex Cornelia de Syria pr. benutzt. Daher behauptet P. Philol. VIII, 427 mit Unrecht, dass der Brief bei der Chronologie des Gesetzes übersehen worden sei.

kann ich mich des Gedankens nicht erwehren, dass die betr. Notiz Appians aus antonianisch gefälschten Quellen stammt, die dem Antonius alles Mögliche von dem Senate zukommen lassen, um sein Auftreten so loyal als möglich zu schildern, ein Standpunkt der in der Rede des Piso bei Appian und des Fufius Calenus bei Dio seinen beredtesten Ausdruck gefunden hat. Wir werden eine Fälschung ähnlicher Art weiterhin in dem Märlein von der Verleihung der sechs macedonischen Legionen durch den Senat an Antonius finden[1]) — Appian selbst hat wohl die Fälschung nicht beabsichtigt, aber es gab wohl eine Litteratur, die im Interesse des Caesareutums die Senatoren jener Zeit gern als Dummköpfe brandmarkte. Man bedenke fernerhin, dass bloss Appian von einer Verleihung Macedoniens[2]) seitens des Senats an Antonius berichtet, ein Schriftsteller, dem auch sonst die gröbsten Irrtümer unterlaufen (Cap. I p. 668), während sich bei Cicero keine Spur eines derartigen Senatsbeschlusses findet. Wie leicht erklärt sich aber Ciceros Schweigen, wenn er schon vor seiner Abreise von Rom nicht eine lex Cornelia de prov. Syria, sondern eine lex Antonia Cornelia de provinciis Macedonia et Syria kannte! Auch lag es ja für Antonius viel näher, gemeinsam mit seinem Amtsgenossen sich ans Volk zu wenden, auf dessen Geneigtheit er sicher zählen durfte. Dazu kommt schliesslich, dass Lentulus in einem Briefe an Cic. XII, 14, 6 in Hinblick darauf, dass er Asien und Syrien dem Cassius habe zuwenden helfen sagt: primus ego *leges Antonias fregi*, primus equitatum Dolabellae ad rem publicam traduxi Cassioque tradidi — also Antonius war ohne Zweifel bei diesem Gesetze mit beteiligt. — Nach alledem wird man mir zugeben müssen, dass ich wenigstens die Wahrscheinlichkeit — von einer unumstösslicher Gewissheit kann ohnedies nicht die Rede sein — für mich habe, wenn ich eine lex Antonia Cornelia de provinciis Macedonia et Syria statuiere.

B. Antonius Gelüste nach Gallien.

Aus dem oben citierten Briefe Cic. A XIV, 14 ist noch eine andere Stelle für die Provinzenverteilung des Jahres 44 wichtig § 4: quae scribis K. Iuniis Antonium de provinciis relaturum, ut et ipse Gallias habeat et utrisque dies prorogetur, licebitne decerni libere? Daraus ersehen wir, dass schon bei der Annahme der lex Antonia Cornelia Antonius Bewerbung um Macedonien in Rom bloss als ein Manöver angesehen wurde, da seine Gelüste nach Gallien bekannt waren. Diese Gelüste hegte Antonius aber schon viel früher, was von den Historikern gewöhnlich übersehen wurde, nemlich bereits Anfang April. Denn in dem interessanten Briefe des Dec.

---

1) cf. p. 715 f.   2) Dass überhaupt Macedonien dem Antonius vor Gallien verliehen war, bezeugt Nic. Damasc. c. 30: Ἀλλαξάμενος (Ἀντώνιος) Γαλατίαν ἐπαρχίαν πρὸς Μακεδονίαν, μετεβίβαζε.

Brutus an M. Brutus u. C. Cassius Cic. F. XI, 1, (spätestens um die Nonen des April geschrieben), einem für die Ratlosigkeit der Verschworenen geradezu klassischen Actenstücke, lesen wir, dass Antonius schon Anfang April durch den nachherigen Consul Hirtius dem Dec. Brutus erklärt hatte, er könne ihm die Provinz Gallia cisalpina keinesfalls belassen, eine Drohung, welche den Dec. Brutus so erschreckte, dass er daran dachte, nach Rhodus zu fliehen oder auch eine legatio libera vom Antonius zu erbitten.

Ehe Antonius einen weiteren Schritt zur Erlangung Galliens, und zwar mit verlängerter Verwaltungsfrist, that, reiste er baldigst nach dem 24. April nach Unteritalien ab, um in Ausführung der lex Antonia de coloniis in agros deducendis einige neue Militärcolonien anzulegen, vor allem aber, um die Veteranen zur Verteidigung der acta Caesaris aufzurufen. Dabei sammelte er eine schreckenerregende Zahl handfester Männer um sich, die fortan seine Leibwache bildeten. Mit ihnen — agmine quadrato Cic. Phil. II § 108 — kehrte er c. 20. Mai nach Rom zurück.

Die parlamentarischen Ferien des Senats waren vorüber, aber für jede Opposition gegen Antonius war es zu spät, gerade die einflussreichsten Männer der Senatspartei blieben von Rom fern. Antonius war stark genug, um des Senats entraten zu können — auf die leicht bewegliche Volksmenge und auf die Veteranen, welche das Forum in Schach hielten, gestützt setzte er die Gesetze durch, die ihm nach dem Vorbilde Caesars eine weit über sein Consulatsjahr hinausreichende Machtstellung begründen sollten.

C. Die lex tribunicia de provinciis consularibus.

Bereits am 1. Juni liess Antonius durch bestochene Tribunen die lex de provinciis consularibus[1]) durchbringen, welche den Consuln eine längere Verwaltungsfrist als die von Caesar fetztgesetzten zwei Jahre[2]) für ihre Provinzen gestattete. Dr.[3]) und. P.[4]), sowie auch Schiller[5]) irren, wenn sie meinen, dass durch dieses Gesetz der betreffende Teil der lex Iulia aufgehoben worden sei. Auch Lange war früher geneigt, das Gesetz unter die iussa generalia zu rechnen, aber in der II. Aufl. RA II p. 658 erscheint seine Ansicht geändert. Dass das Gesetz wirklich nur auf die Consuln des J. 44 Bezug gehabt, beweist Cic. Phil. VIII § 27: 'Galliam' inquit 'togatam remitto, comatam postulo'.. 'cum sex legionibus' inquit 'eisque suppletis ex D. Bruti exercitu', non modo ex dilectu suo, 'tam diuque ut obtineam[6]), dum M. Brutus C. Cassius consules prove

---

1) RA III p. 501. 2) RA III p. 456. 3) Dr. I p. 165.
4) P. II, 392. 5) I, 23. Wie Schiller dazu gekommen ist, ausser der Prorogation der proconsularischen Provinzen auch eine Prorogation der propraetorischen Provinzen durch das Gesetz auf 2 Jahre anzunehmen, ist mir aus den citierten Stellen nicht ersichtlich. 6) Cf. Cobet Mnemos. nov. Ser. VII, p. 142.

coss. provincias obtinebunt.' Huius comitiis C. frater — eius est enim annus — iam repulsam tulit. 'Ipse autem ut quinquennium' inquit 'obtineam'.[1]) — Hiernach fordert Antonius vom Senate unter seinen Friedensbedingungen Gallia transalpina bis zum Jahre 38 und identificiert diesen Termin mit dem Zeitpunkte, zu welchem M. Brutus und C. Cassius ihre proconsularischen Provinzen abgeben mussten. M. Brutus und C. Cassius galten aber für das Jahr 41 als mutmassliche Consuln[2]), folglich wird deren Provinzverwaltung hier der lex Iulia entsprechend auf zwei Jahre normiert.

Auch konnte dem Antonius wirklich nicht daran liegen, die ihm feindlichen folgenden Consulare mit langdauernden Machtstellungen auszurüsten; überdies beachte man den Wortlaut genau Cic. A XIV, 14, 4: 'ut et ipse Gallias habeat et utrisque dies prorogetur.'

Darüber, bis zu welchem Zeitpunkte das Gesetz dem Antonius und Dolabella ihre Provinzen verlängerte, schweigen die griechischen Schriftsteller, und bei Cicero widersprechen die Zeugnisse einander. Phil. V § 7: 'Tribuni plebis tulerunt de provinciis contra acta C. Caesaris: ille biennium, hi sexennium.' Darnach nahm Peter[3]) 6 Jahre an; dagegen fordert Antonius in der oben citierten Phil. VIII, 28 Gallien auf 5 Jahre, bis zu dem Zeitpunkte, wo auch M. Brutus und C. Cassius ins Privatleben zurücktreten mussten. Es ist anzunehmen, dass diese Erwägung auch bei Abfassung unserer lex tribunicia massgebend war. Überdies schreibt Cicero, der auf Grund des Gesetzes von Dolabella mit einer legatio libera bedacht war[4]), A XV, 11, 4: 'bella est autem huius iuris quinquennii licentia.'

Darnach erscheint es mir notwendig, in der ersten Stelle Cic. Phil. V, 7 das sexennium in quinquennium zu ändern. Der Fehler konnte leicht entstehen, wenn einmal Vennium geschrieben war.

Die Zeit der Annahme des Gesetzes hat Lange gegen Drumann und Peter richtig erkannt. Dr. I p. 165 und P. II, 392 setzen die lex hinter die lex de permutatione provinciarum. Dieser Datierung widerspricht Cicero. Denn dieser bezeichnet das Gesetz ausdrücklich als den ersten legislativen Act, den Antonius, nachdem er mit dem Senate gebrochen, durchsetzte, Phil. II § 108: 'Kalendis Iuniis cum in senatum .. venire vellemus, metu perterriti repente diffugimus. at iste... numerum annorum provinciis prorogavit.' — Ausserdem

---

1) Diese Stelle ist auch nach Cobets Conjectur noch nicht in Ordnung; denn die Tautologie 'tam diuque ut obtineam, dum M. Brutus C. Cassius... obtinebunt' und 'ipse autem ut quinquennium obtineam' ist ohne Zwischenglied unerträglich. Dazwischen ist wohl eine Lücke anzunehmen, in welcher gesagt war, dass für M. Brutus und C. Cassius die lex Iulia de provinciis massgebend sein sollte; dann konnte Antonius passend fortfahren 'ipse autem ut quinquennium obtineam.' 2) Cf. Cic. ad Brut. 1, 4, 4. 3) P. II, 392. 4) Cf. p. 709.

beachte man Ciceros Verhältnis zu diesem Gesetze: er verschmähte es nicht, persönlich Vorteil daraus zu ziehen. Denn wir lesen A XV, 4, 5 (vom 23. Mai): 'ad Dolabellam Tironem misi cum mandatis et litteris.' Den Inhalt der 'mandata' erfahren wir aus A XV, 8, 1 (vom Ende Mai) 'Misi igitur Tironem ... atque etiam scripsi ad Antonium de legatione, ne, si ad Dolabellam solum scripsissem, iracundus homo commoveretur.' Cicero wollte also von Dolabella eine legatio libera nach dem Osten haben — sein Wunsch wurde erfüllt, denn am 10. Juni schreibt er etwas ironisch an Atticus XV, 11, 4: 'Sed heus tu, ne forte sis nescius, Dolabella me sibi legavit a. d. IIII Nonas: id mihi heri vesperi nuntiatum est ... bella est autem huius iuris quinquennii licentia. quamquam quid de quinquennio cogitem? contrahi mihi negotium videtur.' Wartete Dolabella mit der Ausfertigung der Urkunde für Cicero bis zum 2. Juni und galt diese Urkunde entgegen der lex Iulia de liberis legationibus auf fünf Jahre, so war sie wohl auf Grund der lex tribunicia de provinciis consularibus ausgestellt, deren Annahme also unter Berücksichtigung der oben citierten Phil. II § 108 auf den 1. Juni zu setzen ist. Weil die Kalenden dies fasti sind, möchte Lange die Annahme des Gesetzes lieber auf den 31. Mai verlegen. Aber dem widerspricht abermals Cic. Phil. II § 108, wo man das statim beachten muss, ausserdem Phil. I § 6: 'Ecce enim Kalendis Iuniis' u. s. w. Darnach müssen wir constatieren, dass die lex Clodia de tempore u. s. w. Giltigkeit behalten hatte. — Das Gesetz war entweder gar nicht. (Cic. Phil. II § 56) oder wenigstens nicht die gesetzmässige Zeit promulgiert, denn Cicero weiss am 23. Mai noch nicht genau, ob Antonius seine Pläne, d. h. die Verlängerung der Statthalterschaft und die Eintauschung Galliens statt Macedoniens durch den Senat oder durch das Volk realisieren werde; er hofft das letztere A XV, 4, 1: 'Antonii consilia narras turbulenta, atque utinam potius per populum agat quam per senatum! quod quidem ita credo. Sed mihi totum eius consilium ad bellum spectare videtur, si quidem D. Bruto provincia eripitur.'[1]

D. Die dem M. Brutus und C. Cassius für Macedonien und Syrien decretierten Entschädigungen.

Dr. I p. 163 f. und P. II p. 391 haben fälschlich zwei Dinge zusammengeworfen, die durchaus auseinanderzuhalten sind, nämlich die den beiden Prätoren für ihr Amtsjahr 44 gewordenen Aufträge und die ihnen für 43 übertragenen Provinzen. Das richtige Sachverhältnis erkannte zuerst Lange RA. III p. 502. M. Brutus und

---

[1] Auch diese Stelle beweist die Unhaltbarkeit der Krauseschen Hypothese. Da nämlich die Verleihung Macedoniens an Antonius seiner Forderung Galliens vorherging, so setzen die letzten Worte der citierten Stelle voraus, dass der erstere Act am 23. Mai schon vorüber war.

C. Cassius hatten sich Anfang April[1]) aus Furcht vor dem von Antonius aufgereizten Pöbel und den Veteranen aus Rom entfernt und sich in verschiedenen Municipien aufgehalten. Da sie demnach ohnehin ihr prätorisches Amt zu Rom nicht verwalteten, beschloss der Senat am 5. Juni, wahrscheinlich auf Antrag des Antonius, der die beiden Verschworenen aus Italien zu entfernen wünschte, dass M. Brutus in Asien, C. Cassius in Sicilien für den Staat Getreide kaufen sollten. Es ist nun zu untersuchen, ob den beiden Prätoren gleichzeitig, also auch am 5. Juni Provinzen für 43 zuerteilt worden sind, wie Lange annimmt. Krause muss natürlich, nachdem er die Übertragung Macedoniens und Syriens an Antonius und Dolabella in eine spätere Zeit verlegt hat, auch die Entschädigung des M. Brutus und C. Cassius später ansetzen. Er findet sich dazu berechtigt durch Ciceros Schweigen (cf. Kr. I p. 12). Aber Cicero schweigt in diesem Falle gar nicht, sondern spricht für ein vorurteilsfreies Ohr deutlich genug. Zunächst finden wir A. XIV, 14, 7 in jenem bereits oben erwähnten Postscriptum vom 27. April die Notiz: 'epistola brevis, quae postea a te scripta est, sane mihi fuit iucunda, de Bruti ad Antonium et de eiusdem ad te litteris: posse videntur esse meliora, quam adhuc fuerunt.'

Was kann der Inhalt dieses Briefes des Brutus an Antonius gewesen sein in der Zeit, als Brutus Macedonien an Antonius verlor (den 24. April)? Sicherlich die Entschädigungsfrage! Wenn wir ferner lesen A. XV, 5, 2: 'ut tu de provincia Bruti et Cassii per senatus consultum, ita scribit et Balbus et Hirtius', können wir diese Notiz anders verstehen, als dass Balbus und Cassius für Macedonien und Syrien vom Senate entschädigt werden sollten? Oder wie ist ein Senatsbeschluss de provincia Bruti et Cassii denkbar, wenn die von Caesar ihnen verliehenen Provinzen ihnen noch gehörten? Ich kann nicht verstehen, wie sich Krause und auch H. Schiller, der Krauses Chronologie folgt[2]), bei der Ansicht, dass Macedonien und Syrien erst nach Mitte Juli den beiden Verschworenen abgenommen wurden, mit dieser und ähnlichen Stellen abgefunden haben. Denn was Krause I p. 10 schreibt, dass Antonius am 5. Juni vielleicht eine permutatio provinciarum im Senate beabsichtigt habe, die dann nicht zu Stande gekommen sei, entbehrt jeder Begründung durch die Quellen. Vielmehr widerspricht Cic. A XV, 9, 1: 'ait (Balbus) autem eodem tempore (Non. Iun.) decretum iri, ut et iis et reliquis praetoriis provinciae decernantur.' Darnach handelte es sich nicht um eine Permutation, sondern um ein Zuerkennen. So konnte sich Cicero nur ausdrücken, wenn Brutus und Cassius damals momentan keine Provinzen für 43 hatten. — Gegen diese klaren Worte Ciceros vermag eine von Krause beigebrachte Stelle aus einem Briefe des Hirtius nichts Cic. A XV, 6, 2: 'Noli autem me tam strenuum

---

1) Cf. meine Dissert. p. 15 f.   2) I p. 25.

putare, ut ad Nonas recurram; nihil enim iam video opus esse nostra cura, quoniam praesidia sunt in tot annos provisa.' Zur richtigen Beurteilung dieser Worte muss man erwägen, dass Hirtius sie zur Entschuldigung schrieb, als er die ihm fatalen Bitten der Republikaner, dass er Anfang Juni im Senate erscheinen sollte, abwies — daher auch der unbestimmte Ausdruck 'praesidia', der sowohl Provinzen als auch Staatsämter bezeichnen kann. War bereits seit über einem Monat Macedonien und Syrien an Antonius und Dolabella gekommen, so konnte sich Hirtius in der That dieser Worte bedienen, besonders in Ansehung des bevorstehenden Gesetzes über die fünfjährige Verwaltungsfrist des Antonius und Dolabella. Überdies war ja auch durch Bestätigung der acta Caesaris vieles über die Ämter und Provinzen festgesetzt worden, woran damals noch niemand rüttelte. Ebensowenig ist die Hypothese haltbar, welche H. Schiller I p. 25 über die Verleihung Macedoniens und Syriens an Antonius und Dolabella und die Entschädigung des Brutus und Cassius aufgestellt hat. 'Dies wurde der Anlass zu einer Combination, die nachher zu einem geheimen Abkommen führte, wonach Antonius Macedonien, Dolabella Syrien erhalten sollte, samt der Führung des durchaus nicht dringlichen Partherkrieges, jedoch unter der Bedingung, dass er Antonius vier Legionen abtrat und sich selbst mit zwei begnügte.' Die durch solche Verteilung depossedierten designierten Statthalter Brutus und Cassius sollten mit Kreta und Kyrene abgefunden werden. Ein Volksbeschluss bestätigte bzw. genehmigte den Tausch der erwähnten Provinzen. Die Zeit ist sehr unsicher; ich folge Krause darin, dass ich annehme, dieser Handel wurde nach der Mitte des Juli perfect, während die Abmachung zwischen Antonius und Dolabella schon in dem letzten Drittel des Juli erfolgte.' Diese in Anlehnung an Krauses Chronologie entstandene Aufstellung enthält zunächst mehrere offenbare Irrtümer. Oder wie wäre es möglich, dass Cicero, wenn wirklich die geheime Abmachung zwischen Antonius und Dolabella erst im letzten Drittel des Juni stattgefunden hätte, bereits am 18. April A XIV, 9, 3 in Hinblick auf die Verwicklungen in Syrien schrieb: 'sed Dolabella et Nicias viderint?' Dass ferner die Verschworenen nicht erst nach der Mitte Juli ihrer Provinzen beraubt wurden, ist schon oben p. 702. 710 f. nachgewiesen. Drittens bekam Dolabella nicht zwei, sondern eine von den macedonischen Legionen (cf. Phil. XI § 4, § 16). Was aber schliesslich den Kernpunkt der Schillerschen Hypothese anlangt, dass durch ein und denselben gesetzgeberischen Act, nämlich durch Volksbeschluss, Brutus und Cassius ihrer Provinzen beraubt und gleichzeitig entschädigt worden wären, so wird dieser schlagend durch Cic. Phil. I, 31 widerlegt: 'cur M. Brutus referente te legibus est solutus, si ab urbe plus quam decem dies afuisset? .. cur provinciae Bruto, Cassio datae? cur quaestores additi? cur legatorum numerus auctus?' cf. Cic. A XV, 5, 2; 9, 1.

Alle Quellenstellen weisen darauf hin, dass die Entschädigung des Brutus und Cassius durch ein SC geschah, nicht durch eine lex, und zwar auf Antrag des Antonius. Auch die ehrenvolle Vermehrung der Quästoren und Legaten, die mit der Entschädigung verknüpft war, ist nur vor dem Senate denkbar, dem Volke gegenüber musste Antonius darauf bedacht sein, als Caesars Nachfolger zu gelten. — Ein directer Beweis, dass Brutus und Cassius am 5. Juni für den Verlust ihrer eigentlichen Provinzen entschädigt wurden, ist allerdings unerbringbar, und man könnte fragen, ob nicht etwa am 28. November (cf. p. 719), an welchem Tage die noch übrigen prätorischen Provinzen im Senate verlost wurden, auch die Entschädigung des Brutus und Cassius reguliert worden sei. Aber nach Cic. Phil. II § 97 galt M. Brutus als Statthalter von Kreta für 43 schon zur Zeit der gefälschten lex Iulia de insula Creta, welche spätestens im August publiciert wurde (cf. Cic. Phil. I § 24). Demnach erscheint es noch immer als das Richtigste, die Entschädigung der beiden Prätoren auf die Zeit zu verlegen, in welcher sie nach Ciceros Autorität projectiert war, auf den 5. Juni, zumal da die projectierte Senatssitzung wirklich zu Stande kam (Cic. A XV, 10. 11). Dass Cicero aber in den Briefen, welche die Beschlüsse vom 5. Juni berühren, immer nur die cura frumenti für 44 erwähnt, darf uns nicht befremden. Die Annahme oder Ablehnung dieses Auftrages war zunächst für die Verschworenen brennende Frage — die Provinzenfrage kam erst im Frühling 43 praktisch zur Geltung, überdies war es wohl von vornherein wahrscheinlich, dass sich Brutus und Cassius dem SC über die Provinzen nicht fügen würden. — Durch welche Provinzen Brutus und Cassius entschädigt wurden, ist nach unsern Quellen nicht endgiltig zu entscheiden. Aus Cic. Phil. II § 97 und XI § 27 erfahren wir nur, dass Brutus Kreta erhielt. Nic. Damasc. 28 berichtet, dass dem Cassius Illyrien verliehen worden sei. Wenn man aber erwägt, dass in unserer Überlieferung des Nic. Damasc. fast alle Namen verschrieben sind (cf. c. 17 λύππας für Λουπίας, C. 20 Κῦρον für Καικαρίωνα, C. 22 ὄβριον πάνα für Οὐίβιον Πάνσαν, πλάγκτον für Πλάγκον, C. 24 χίλων κασικὰς für Cερουίλιος Κάσκας u. s. w.) und dazu rechnet, dass Dio XLVII, 21 Bithynien als Provinz des Cassius erwähnt, so kann man annehmen, dass bei Nic. Ἰλλύριδος vielleicht aus Βιθυνίας verschrieben ist. Appian selbst ist nicht zur Klarheit über diesen Punkt gelangt, er nennt mehrfach Kreta und Kyrene als Provinzen des Brutus und Cassius, III, 8 aber fügt er mit Verwechslung der Personen hinzu ὡς δ' ἑτέροις δοκεῖ, τάδε μὲν ἀμφότερα (Κυρήνη καὶ Κρήτη) Κασσίῳ, Βιθυνία δὲ Βρούτῳ. Vielleicht erhielt Brutus Kreta mit Kyrene, was auch später zusammen als eine Provinz galt[1]), und Cassius Bithynien. Diese Provinzen können auch eher als Ersatz für Macedonien und Syrien gelten.

---
1) Marquardt 'Römische Staatsverwaltung' I p. 461 f.

E. Die lex Antonia Cornelia de permutatione provinciarum.

M. Brutus und C. Cassius schienen einstweilen unschädlich gemacht, aber noch stand Dec. Brutus in Gallia cisalpina nahe genug, um nötigenfalls mit einem Marsche von vierzehn Tagen Rom zu überrumpeln und den Verschworenen die Herrschaft zu erringen. Freilich versäumte der Unentschlossene den richtigen Zeitpunkt: denn er hätte vor oder während der unteritalischen Reise des Antonius kommen sollen, deshalb trifft ihn harter Tadel: Cic. A XV, 11, 2 (c. 8. Juni): 'amissas occasiones Decimumque graviter accusabant: ego negabam oportere praeterita, adsentiebar tamen' (cf. A XV, 20, 2).

Immerhin musste die Nähe des Dec. Brutus dem Antonius besorgniserregend sein — ausserdem war gerade Gallia cisalpina samt seinen volkreichen Hinterländern jenseits der Alpen eine Provinz mit ausserordentlichen Hilfsmitteln, der Schlüssel Italiens — diese musste Antonius in seine Gewalt bekommen, wenn er Herr der Situation bleiben wollte. Unabweislich ist der Gedanke, dass Antonius von vornherein den grossen Plan hegte, nach Caesars Vorbilde von Gallien aus sich die Weltherrschaft zu gründen — daher dessen Gelüste nach Gallien schon vor des Decimus Abreise[1]), daher die nicht auszurodenden, auch bei der Verleihung Macedoniens nicht schweigenden Gerüchte, dass Antonius eigentlich nach den gallischen Provinzen trachte.[2]) Aus diesem Grunde dienten denn auch gerade die wichtigsten Gesetze des Antonius im Sommer 44 dazu, seinen eigentlichen Plan entweder zu fördern — wie die von ihm veranlasste lex de provinciis consularibus[3]) — oder zeitweilig zu verhüllen, wie die lex de dictatura und auch die lex de provinciis Macedonia et Syria. Denn die letztere diente dem Antonius nicht nur dazu, dem M. Brutus und C. Cassius wichtige Gebiete zu entreissen, sondern sie war gleichzeitig ein Schachzug, der seine wahren Absichten vor der Hand noch verdunkelte und überdies die zur Behauptung Galliens nötigen Truppen in seine Hände spielte.[4]) Die lex de perm. pr. bildet deshalb nur äusserlich den Schlussstein der auf Begründung langjähriger Macht hinzielenden Legislative des Antonius, im Kopfe des Antonius war sie das erste Gesetz, zu dessen Vorbereitung die anderen dienende Glieder bildeten.

Trotz der Wichtigkeit des Gesetzes fliessen die Quellen zu seiner vollen Erkenntnis, insonderheit zu seiner Chronologie spärlich. Cicero giebt uns in seinen Briefen leider nur Andeutungen[5]), weil ihm die Gelüste des Antonius von vornherein bekannt waren; dass es auch in der II. Phil. nicht ausführlich besprochen wird, kommt wohl daher, dass Cicero gegen den Inhalt des Gesetzes gar nichts

---

1) Cf. p. 706. 2) Cf. p. 706. 3) Cf. p. 707 f. 4) Cf. p. 715.
5) Cf. p. 718.

von Rechtswegen einwenden konnte[1]), nur die Verletzung der verfassungsmässigen Form bei der Beantragung durfte er geiseln, was er auch im Allgemeinen thut.[2])

Der Begriff permutatio ist vielfach falsch verstanden worden, als ob Decimus Brutus dem Antonius Gallien abtreten und von diesem dafür Macedonien erhalten sollte.[3]) Aber Dec. Brutus hatte, da die lex tribunicia de pr. c. sich nur auf Antonius und Dolabella bezog, als Proprätor nur für 44 eine Provinz zu beanspruchen. Im Frühjahre 43 trat er ohnedies in das Privatleben zurück und galt als designierter Consul für 42.[4]) In der gleichen Lage war L. Munatius Plancus, der den südwestlichen und mittlern Teil von Gallia transalpina verwaltete. Demnach bestand die permutatio darin, dass sich Antonius anstatt des ihm vorher verliehenen Macedoniens, welches darnach für einen Prätor des Jahres 44 zu reservieren war, gallische Provinzen eintauschte, dem Dec. Brutus gegenüber aber ist der Tausch ein einseitiger, sofern eine Entschädigung für ihn gar nicht in Frage kommt. Dieser Auffassung entspricht es gänzlich, dass Macedonien am 28. November 44 als erledigte proprätorische Provinz mit verlost wurde.[5])

In welchem Umfange Antonius Gallien erhielt, hat wiederum Lange zuerst im Wesentlichen richtig erkannt[6]), seine Ansicht ist gegen Krause I p. 22 und Schiller I, 28 aufrecht zu erhalten. Antonius erhielt durch die lex d. perm. pr. nicht nur Gallia cisalpina, sondern auch die im Jahre 44 von L. Munatius Plancus, vielleicht[7]) auch die von Aurelius für Hirtius verwalteten Teile von Gallia transalpina. Denn wenn Antonius späterhin, als er in bedrängter Lage dem Senate Friedensvorschläge machte, sich mit Gallia comatatransalpina begnügen will (Cic. Phil. VIII, 25), so hat er wahrscheinlich vorher von der willfährigen Volksmenge mehr verlangt. Fernerhin sind, abgesehen davon, dass Cicero schon im April A XIV, 14, 4 schreibt: 'ut ipse Gallias habeat', für Langes Ansicht geradezu entscheidend die Worte, mit denen Cicero in der Phil. I, 8 seine bei der Rückkehr nach Rom gehegten Hoffnungen schildert: 'Antonium repudiatis malis suasoribus, remissis provinciis Galliis, ad auctoritatem senatus esse rediturum.' Bei genauer Interpretation können diese Worte nur so aufgefasst werden, dass damals mehrere Gallien dem Antonius so zur Verfügung standen, dass er

---

1) S. u. 2) Cf. p. 718. 3) Dr. I p. 164; neuerdings auch Schiller I p. 28. 4) RA III p. 491, 2. 5) Cf. p. 719. 6) RA III, 503. 7) Dass Antonius auch das nordöstliche von Aurelius verwaltete Gallien erhalten habe, ist zwar an sich wahrscheinlich, aber aus den Quellen gar nicht zu begründen, zumal da im SC vom 20. December ausdrücklich nur Dec. Brutus und Plancus veranlasst werden, ihre Provinzen gegen Antonius zu behaupten; allerdings waren auch diese die zunächst bedrohten.

event. darauf verzichten konnte.¹) Wenn gegen diese Auffassung Cic. Phil. V, 5, 2 (cf. Phil. VII, 2. VIII, 27) nach Krause zu sprechen scheint: 'est enim opinio decreturum aliquem Antonio illam ultimam Galliam, quam Plancus obtinet', als ob in dieser Zeit zuerst Gallia transalpina als Entschädigung des Antonius für cisalpina in Betracht gekommen wäre, so muss man sich daran erinnern, dass der Senat am 20. Dec.²) durch den Beschluss, dass die Statthalter von 44 vorläufig auch 43 in den Provinzen bleiben sollten, die lex de perm. pr. umgestossen hatte, weshalb es sich seitens des Senates um einen Neubeschluss (decreturum), seitens des Antonius um eine Aufrechterhaltung seiner Forderung (postulo) handelte. — Selbstverständlich hütete sich Antonius, etwa Gallia Narbonensis mitzuverlangen. Dieses verwaltete Lepidus, um dessen Bundesgenossenschaft Antonius und die Senatspartei sich gleichviel bewarben.

Dass die Verleihung gallischer Provinzen an Antonius nicht den einzigen Inhalt der lex de perm. pr. bildete, sondern dass darin auch von den in Macedonien stehenden Legionen³) die Rede war, ist an sich wahrscheinlich, lässt sich aber auch aus manchen Andeutungen in den Quellen schliessen. Meine im Folgenden begründete Ansicht steht der allgemein verbreiteten Version gegenüber. Die letztere lehrt, Dolabella habe mit der Provinz Syrien auch den Oberbefehl gegen die Parther sammt den macedonischen Legionen erhalten. Später habe sich Dolabella durch einen Privatpakt mit Antonius verpflichtet, nur eine Legion mit nach Syrien zu führen, die andern dagegen zur Verfügung des Antonius in Macedonien zurückzulassen. Dieses private Abkommen habe späterhin, nach Lange in der ersten Hälfte des Juni, durch ein SC officielle Giltigkeit erlangt, nachdem Antonius dem Senate vorgespiegelt, die Provinz Macedonien sei durch Geten bedroht, könne also nicht von den Legionen entblösst werden. — Diese Darstellung, welche lediglich auf Appian beruht, ist schon deswegen bedenklich, weil Antonius, der Mitverfasser und Mitantragsteller de lex Antonia Cornelia de provinciis Macedonia et Syria wohl kaum dem Dolabella durch dies Gesetz einen rechtmässigen Anspruch auf das Heer begründet haben wird, dessen er selbst nicht entraten konnte. Viel wahrscheinlicher ist es, dass die Legionen in dem Gesetze vom 24. April gar nicht ausdrücklich erwähnt waren. Auf diese Weise entstand ein gewisses, wenn auch noch sehr zweifelhaftes Anrecht des Antonius auf das Heer, welches in seiner Provinz stand. Es muss aber auch darauf aufmerksam gemacht werden, dass der Bericht des Appian noch andere, offenbarere Unwahrscheinlichkeiten enthält. Hätte Dolabella am 24. April zugleich mit Syrien auch das Commando über die macedonischen

---

1) Auch Appian III, 55 identificirt die Provinzen des Antonius mit der früher dem Caesar verliehenen Statthalterschaft (τήνδε τὴν ἡγεμονίαν αὐτήν . .), welche bekanntlich Gallia cisalpina und transalpina umfasste.   2) Cf. p. 719.   3) Cf. p. 719 f.

Legionen ausdrücklich erhalten, so konnte Antonius, sein Verbündeter, nicht füglich am nächsten Tage die Legionen im Senate für sich fordern — dann folgt aber die unteritalische Reise — demnach konnte Antonius erst am 1. Juni seine Forderung aussprechen und durch die Furcht vor einem Geteneinfalle in Macedonien begründen. Nun soll aber der Senat nach Appian eine Gesandtschaft ausgeschickt haben, um die Verhältnisse in Macedonien zu erforschen, diese könnte ehestens nach Monatsfrist, also im Monat Juli zurückgekehrt sein, als Gallien entweder schon dem Antonius anheimgefallen war oder doch wenigstens die Annahme der schon promulgierten[1]) lex de perm. pr. unmittelbar bevorstand. In solcher Zeit, als die von Antonius geplante Verwendung der Legionen in Italien ganz offenbar war, soll nun der Senat selbst die Waffe zu seiner Vernichtung geschmiedet haben. Die Gesandten aber berichten nach Appian, sie hätten zwar keine Geten in Macedonien gesehen, doch sei zu befürchten, dass dieselben nach Abzug des Heeres in Macedonien einfallen würden. — Wenn wir uns den Senat noch so eingeschüchtert denken, eine so lächerliche Komödie konnte auch ein Antonius vor der heruntergekommensten Körperschaft nicht aufführen, wenn er es andererseits noch der Mühe für wert fand, den Senat überhaupt zu berufen, oder gar, wie es später geschah, mit ihm zu verhandeln. Wer den Appian unbefangen liest, wird vermuten müssen, dass hier irgend eine Verdrehung der Thatsachen vorliege. Das wird geradezu bewiesen, wenn wir sehen, wie Appian hier das vor den Nonen des April gefasste SC de dictatura in perpetuum tollenda verwendet, um die Nachgiebigkeit des Senates gegen Antonius zu motivieren. Es ist oben p. 706 f. über die Motive und den mutmasslichen Ursprung dieser Fälschung gesprochen worden; wir sind darnach entschieden berechtigt, auch die Fälschung dieses widersinnigen Senatsbeschlusses über die Legionen einer Vorlage Appians zuzuschreiben, die von der Tendenz getragen war, alle Gewaltthaten des Antonius womöglich auf Senatsbeschlüsse zurückzuführen: das Werk des kritiklosen Appian dabei ist die Verwirrung, die er mit den sich widersprechenden Berichten seiner Quellen angestiftet hat. Indem er antonianisch gefärbte rhetorische Arbeiten seinem Geschichtswerke einverleibte, wurde er gezwungen, seine Erzählung mit dem Inhalte dieser Reden einigermassen in Einklang zu setzen. So sind wohl die eingewebten Reden oft Ursachen der Confusion geworden, bisweilen aber finden sich in ihnen auch sehr wertvolle Körnlein historischer Wahrheit, die sich anderswo nicht überliefert findet. So finden wir für unsern Zweck in der Rede des Piso, einem rhetorischen Machwerk aus früher Zeit[2]), eine Spur, die uns auf die richtige Ansicht über die Verleihung der Legionen an Antonius hinleitet. Piso sagt nämlich III, 55 von der lex de perm. pr.: τὴν δὲ Κελτικὴν ἡγεμονίαν

---

1) Cf. p. 718. 2) Cf. p. 669.

.. ἔδωκε ... ὁ δῆμος νόμῳ ... μέροc δ' ἐcτὶ τοῦ νόμου τὸ Ἀντώνιον τὴν δεδομένην οἱ μετιόντα, Δέκμῳ μὴ παραχωροῦντι πολεμεῖν, καὶ τὸν cτρατὸν ἀντὶ Θρακῶν οὐδὲν ἔτι κινουμένων ἐc τὴν Κελτικὴν ἐπὶ τὸν ἀντιλέγοντα μετάγειν. Demnach war in dem Gesetze doch von den Legionen die Rede. Nehmen wir an, dass die Worte ἀντὶ Θρακῶν οὐδὲν ἔτι κινουμένων eine Zuthat Appians seien, nötig geworden zur Übereinstimmung mit C. 25 und 37, so war der Inhalt eines zweiten Teiles des Gesetzes: Ἀντώνιον τὴν δεδομένην οἱ μετιόντα Δέκμῳ μὴ παραχωροῦντι πολεμεῖν, καὶ τὸν cτρατὸν [ἐκ Μακεδονίας] ἐc τὴν Κελτικὴν ἐπὶ τὸν ἀντιλέγοντα μετάγειν.
Diese Stelle genügt natürlich allein nicht, um meine Ansicht zu begründen, aber wenn man ausser dem oben vorgebrachten Material bedenkt, dass Antonius in jener Zeit den Senat für seine Zwecke längst umging, so ist es wohl wahrscheinlich, dass Antonius weder durch Privatpakt mit Dolabella, noch durch ein SC, sondern durch die lex de perm. pr. das Commando über die macedonischen Legionen erhielt, mit der Befugnis, sie gegen Decimus Brutus zu verwenden. Leider ist uns der Bericht des Nic. Damasc. über das Gesetz nicht erhalten; dass er die lex de perm. pr. kannte und auch ausführlicher von ihr erzählt hatte, geht aus den Worten Cap. 30 Ἀλλαξάμενος Γαλατίαν ἐπαρχίαν πρὸc Μακεδονίαν, μετεβίβαζε τὰc ἐν αὐτῇ δυνάμεις εἰc Ἰταλίαν hervor, mit denen Nic. offenbar auf einen ausführlicheren Bericht zurückgreift. Auch bei Nic. scheint, da er das μεταβιβάζειν an das ἀλλαξάμενοc knüpft, die Verleihung der gallischen Provinzen und des Commandos über die Legionen durch denselben legislativen Act erfolgt zu sein. — Viel näher als Appian kommt der Wahrheit Cassius Dio, der weder einen Privatpakt des Antonius mit Dolabella, noch die Getengeschichte kennt. Freilich irrt auch Dio darin, dass auch nach seiner Erzählung Antonius die Legionen vom Senate bekommt — diese Verwechslung darf uns aber nicht irre machen, findet sich doch bei Dio auch statt der lex de perm. pr. ein SC. Bedeutsamer für uns ist der Umstand, dass auch bei Dio die Verleihung Galliens und der macedonischen Legionen als ein Act erscheint: XLVI, 23: περὶ δὲ δὴ τῆς Μακεδονίας τῆς τε Γαλατίας καὶ τῶν ἄλλων ἐθνῶν τῶν τε στρατοπέδων ὑμέτερα ἔcτιν, ὦ πατέρες, ψηφίσματα, καθ' ἃ .. καὶ ἐκείνῳ τὴν Γαλατίαν μετὰ τῶν cτρατιωτῶν (sc. ἐκ τῆc Μακεδονίας) ἐπεχειρίcατε. In diesem Sinne sind auch die andern Stellen XLV, 20 und 25: ὑμεῖς γὰρ τὴν Γαλατίαν ἄρχειν ἐπετρέψατε .. ὑμεῖς τὰ στρατεύματα τὰ ἐκ τῆς Μακεδονίας ἐδώκατε zu interpretieren. — Der von Appian III, 25 erwähnte Privatpakt mit Dolabella hatte wohl einen ganz andern Sinn. Denn war es nach der lex Antonia Cornelia de prov. u. s. w. officiell noch schwebend geblieben, ob eigentlich die Legionen in Macedonien stehen bleiben oder mit Dolabella nach Syrien abrücken sollten, so war doch unter den Beteiligten von vornherein kein Zweifel darüber, dass Antonius, wie er überall die

Superiorität über den jüngeren Collegen beanspruchte, so auch das macedonische Heer im Stillen als sein Eigentum betrachtete. Es war aber eine wohlberechnete Gefälligkeit gegen Dolabella, den Antonius als Bundesgenossen betrachtete, dass er ihm eine[1]) von den 6 Legionen abtrat, die dann mit Dolabella in Asien erscheint. Dafür war ihm wohl Dolabella behilflich, gewisse Besorgnisse zu erheucheln, welche den zweiten Teil der lex de perm. pr. rechtfertigen sollten, freilich in anderm Sinne, als wir bei Appian lesen. Denn wenn Cic. A XV, 17, 1 (am 14. Juni) schreibt: 'De consulum ficto timore cognoveram; Sicca enim φιλοςτόργως ille quidem, sed tumultuosius ad me etiam illam suspitionem pertulit'[2]), so darf wohl zur Erklärung dieser Worte Dio XLVI 24 ἐπειδὴ γὰρ προυπέπεμπτο μὲν τὰ ςτρατεύματα καὶ ςυνειςτήκει, δέος δὲ ἦν μὴ πυθόμενα τῆς τοῦ Καίςαρος ςφαγῆς ςταςιάςῃ καί τινα φλαῦρον προςτηςάμενα αὐθις πολεμήςῃ, ἔδοξεν ὑμῖν .. τὸν Ἀντώνιον ἐπ' αὐτὰ ἐπιςτῆςαι ... 25.. τί ἐχρῆν ἡμᾶς ποιῆςαι τούτων οὕτως ἐχόντων; ἀφεῖναι τὰ ςτρατεύματα ἄναρχα; καὶ πῶς οὐκ ἂν μυρίων κακῶν καὶ τὴν Μακεδονίαν καὶ τὴν Ἰταλίαν ἐνέπληςεν; Die Consuln erheuchelten also vielleicht die Besorgnis, dass eine für Italien sehr gefährliche Empörung der makedonischen Legionen bevorstände, wenn sie nicht den Antonius zum Anführer bekämen. Demnach wurde Antonius durch die lex de perm. pr. der erste und alleinige Feldherr der macedonischen Legionen. — Dass ausserdem in jener Zeit auf Veranlassung der Consuln auch das Gerücht umlief, die Geten plünderten in Macedonien und auch die italische Küste sei von ihnen bedroht, ist nicht unmöglich.

Die Zeit der lex de perm. pr. lässt sich nur annähernd feststellen, jedenfalls ist dieselbe nach der lex de pr. con. gegeben, denn bis zum 2. Juni kennt Cicero nur Befürchtungen A XV, 10: 'si vero aliquid de Decimo gravius, quae nostris vita ..' Vielleicht war damals das Gesetz promulgiert. Andrerseits hören wir bald nach den Nonen des Juli[3]), dass die macedonischen Legionen in Brundisium erwartet werden, ein Gerücht, das die lex de perm. pr. vorauszusetzen scheint. Demnach haben wir uns die Annahme des Gesetzes etwa zwischen den Iden des Juni und des Juli zu denken.

Auf die Art der Annahme des Gesetzes bezieht sich ein Passus der Phil. V § 8: 'quae porro illa tonitrua! quae tempestas! ut, si auspicia M. Antonium non moverent, sustinere tamen eum ac ferre posse tantam vim tempestatis, imbris ac turbinum mirum videretur ... quid? quod cum eo conlega tulit ... sed auspiciorum nos fortasse erimus interpretes, qui sumus eius conlegae: num ergo etiam armorum interpretes quaerimus? primum omnes fori aditus ita saepti ...' Obwohl auch in diesen Worten das Gesetz nicht nament-

---
1) Cf. p. 711. 2) Krauses Erklärung dieser Worte I p. 19 ist falsch; zu 'illam suspicionem' ist zu ergänzen 'illam suspitionem consulum timorem fictum esse'. 3) Cf. p. 720 f.

lich bezeichnet ist, sind dieselben doch ohne Zweifel darauf zu beziehen. Denn Cicero verführt hier chronologisch: § 7 (ille paludes — ignorat?) wird das Ackergesetz des L. Antonius durchgehechelt, dann folgt die lex tribunicia de pr. c. (tribuni plebis — insinuandi fuit?), endlich die lex de perm. pr. (quae porro illa tonitrua — § 9 propulsari videres). — Aus den citierten Worten ersehen wir, dass Cornelius Dolabella das Gesetz mit beantragte. Wie weit Octavian mit für die Durchbringung des Gesetzes wirkte, wie Appian III, 30 berichtet, ist nicht zu entscheiden, da wir gerade hier im Berichte des Nic. Damasc. C. 28 hinter ἐπιμελητήν eine beträchtliche Lücke haben. — Jedenfalls wurde das Gesetz gegen die Regeln der Augurn und unter militärischer Besatzung des Forums durchgebracht, dagegen scheint es rite promulgiert gewesen zu sein, denn Cicero tadelt nicht die mangelnde Promulgation. Auf Promulgation deuten auch die Worte Appians III, 30: 'ὅ τε νόμος ὁ περὶ Κελτικῆς προυγράφετο αὐτίκα ... ἐλθούσης δὲ τῆς κυρίας ἡμέρας.' Das ist nicht uninteressant. Denn daraus ergiebt sich, dass Antonius trotz sonstiger Willkür persönlich wohl kein Gesetz ohne Promulgation rogierte.[1]) Denn z. B. die lex agraria und die lex de pr. c., bei denen Cicero die Promulgation vermisste, sind von L. Antonius und andern Tribunen eingebracht worden. Dagegen ist auch von der späteren lex Antonia de provocatione und der lex Antonia iudiciaria die Promulgation bezeugt Cic. Phil. I § 19, 21, 25. Demnach war der gewaltthätige Mann wenigstens nach einer Richtung hin ein loyaler Consul.

Der eingeschüchterte Senat traf über die Provinzen keine neue Bestimmung, bis Antonius am 28. November, bereits im Begriff, mit seinem in der Treue wankenden Heere nach Gallien abzumarschieren, in einer abendlichen Senatssitzung die nach der Entschädigung des M. Brutus und C. Cassius für 43 noch übrigen prätorischen Provinzen verloste. Sein Bruder Caius bekam dabei Macedonien, übrigens ist aber die Hauptstelle über diese Verlosung Cic. Phil. III, 20—27 so corrupt, dass wenig herauszubekommen ist. — Diese Verteilung wurde, als der gefürchtete Consul in Gallien war und die Senatspartei unter Ciceros Führung wieder aufatmete, samt der lex de pr. c. und de perm. pr. am 20. December durch ein SC aufgehoben, welches namentlich dem L. Munatius Plancus und D. Brutus ihre Provinzen verlängerte, aber auch für die übrigen Statthalter bestimmte, dass sie in ihren Provinzen bleiben sollten, bis ihnen der Senat Nachfolger schicke.[2])

F. Die macedonischen Legionen.

Caesar hatte zum parthischen Kriege 6 Legionen nebst Reiterei in Macedonien concentriert. Sie standen wohl in der Nähe der Küste,

---

1) Dabei muss man freilich annehmen, dass Cic. Phil. II, 6: 'cum leges eas, quae nunquam promulgatae essent, et de te et a te latas confiterere' u. s. w. übertrieben ist. 2) Cf. Phil. III.

nicht allzuweit von Apollonia, dem Aufenthaltsorte Octavians, unter dem Commando des M. Aemilius Scaurus.[1]) Auf die Kunde von Caesars Ermordung hin schickten die Legionen zu Octavian nach Apollonia und stellten sich ihm zur Rache an den Mördern zur Verfügung. Aber Octavian hielt begreiflicherweise die Stunde noch nicht für gekommen — und jene liessen sich leicht überreden[2]), zumal sie an Octavians Namen noch nichts anderes als seine Beziehungen zu Caesar ketteten. Ihre Anhänglichkeit an den Erben Caesars documentierte sich thatsächlich erst nach den reichlichen Geldgeschenken, die ihnen Octavian später spendete.[3]) Trotzdem war natürlich die Stimmung dieser Legionen in den nächsten Monaten der Senatspartei feindlich und für Italien bedrohlich.[4]) Denn sie wussten wohl, dass auf ihnen jede bedeutendere Machtentfaltung beruhen müsse. Dass ihnen durch die lex de perm. pr. M. Antonius zum Anführer gegeben wurde, war ihnen gewiss zunächst angenehm, da Antonius sowohl für einen Freund Caesars, als auch für einen tüchtigen Militär galt.

Die Zeit der Übersetzung nach Italien ist streitig. Peter II, 392 und Schiller I, 28 meinen, dass Antonius sofort nach der lex de perm. pr. den Legionen Marschbefehl gegeben habe. Lange III, 503 denkt sich die Übersetzung sogar schon im Juni vollzogen. Die Frage hängt wesentlich ab von der Datierung der Epistel Cic. A XV, 13 in der sich § 2 die Worte finden: 'quod scribis legiones duas Brundisium venisse, vos omnia prius: scribes igitur, quicquid audieris.' Der Brief ist mitten unter den Junibriefen überliefert, demnach hat Lange die Anfangsworte: 'VIII Kal. duas a te accepi epistolas' auf den 24. Juni bezogen. Indes beweist gerade die Notiz über die beiden in Brundisium angekommenen Legionen, dass diese Datierung falsch sein muss. Waren dem Antonius die Legionen nicht vor Mitte Juni übertragen worden, so brauchte ein Bote ca. 10 Tage, um nach Macedonien zu gelangen. Also am 25. Juni war ehestens der Bote des Antonius in Macedonien angekommen, unmöglich aber konnte in derselben Zeit auch noch die Übersetzung vollzogen werden und die Nachricht davon über Rom nach Puteoli an Cicero gelangen — dazu war — schlecht gerechnet — im Ganzen ein Monat erforderlich. Auch hat schon Schütz und nach diesem Boot, Baiter u. s. w. den Brief richtig auf den 25. October datiert. Ausser der oben angeführten Berechnung beweisen Anspielungen auf die Phil. II im § 1 und 2 cf. Cic. A XVI, 11, 1, die Notiz über M. Brutus und Cassius im § 4, Anspielungen auf Myrtilus[5]) § 6 cf. A XVI, 11, 5, auf das 'Ἡρακλείδειον des Varro[6]) § 3 cf. A XVI, 11, 3. 12; auf die Abfassung der Schrift de officiis § 6 cf. A XVI, 11, 4. 14, 3, dass der 13. Brief des XV. Buches den Novemberbriefen, speciell dem 11. des XVI. Buches zeitlich nahe steht. — Dass der Brief uns fälschlich unter den Junibriefen überliefert werden konnte, erklärt

---

1) Nic. Damasc. 16. 2) Nic. Damasc. 17. 3) Cf. RA III, 512.
4) Cf. p. 718. 5) Dr. I, 202. 6) Cf. Ritschl, Rhein. Mus. VI.

sich wohl daraus, dass derselbe allein von einer grösseren Serie von Briefen erhalten ist, die Cicero bald nach seiner abermaligen Entfernung aus Rom, also bald nach dem 2. October[1]), während dieses Monats an Atticus schrieb. — Darnach kann kein Zweifel darüber obwalten, dass die oben citierten Worte am 25. October geschrieben sind, während die betreffende Notiz des Atticus am 24. bei Cicero eintraf. Da aber diese Nachricht auf dem Umwege über Rom an Cicero gelangte, wozu mindestens 12 Tage erforderlich waren, so wird man sich die Ankunft der beiden ersten macedonischen Legionen in Brundisium zwischen Nonen und Iden des October zu denken haben. Dazu stimmt vortrefflich, dass Antonius cf. Cic. F XII, 23, 2 am 9. October von Rom nach Brundisium aufbrach, um vier macedonischen Legionen entgegen zu ziehen: er hatte wohl angeordnet, dass sein Bruder Lucius[2]) in diesen Tagen mit der Übersetzung beginne, da konnten zwei Legionen, wie Atticus an Cicero meldete, noch vor den Iden des October in Brundisium sein, da die eigentliche Übersetzung kaum mehr als einen Tag in Anspruch nahm. Bis zur Ankunft des Antonius in Brundisium, die etwa um die Iden erfolgte, konnte auch die zweite Überfahrt mit den andern beiden zunächst nach Italien beorderten Legionen beendet sein. Diesen Combinationen widersprechen die Notizen über die macedonischen Legionen, die in Ciceros Julibriefen enthalten sind, nicht. Denn wenn Cic. A XVI, 2, 4 schreibt: 'Sed quoniam furcilla extrudimur, Brundisium cogito; facilior enim et exploratior devitatio legionum fore videtur quam piratarum, qui apparere dicuntur', so ist der Gedanke 'qui apparere dicuntur' nicht nur auf die Seeräuber, sondern auch auf die Legionen zu beziehen. Denn aus Cic. A XVI, 4, 4 und 5, 3 erhellt, dass zur Zeit von Ciceros Abreise aus Italien, Mitte Juli, die Legionen noch nicht da waren, sondern ihre Übersetzung befürchtet wurde. Darnach sind im Sommer 44 wohl nur die nötigen Fahrzeuge von L. Antonius gesammelt worden, zumal da dieser auch anderweitig mit der Ausführung seiner lex agraria beschäftigt war.[3]) Dass die Übersetzung selbst aber erst im October vollzogen wurde, ist darin begründet, dass M. Antonius der Legionen nicht eher bedurfte, als bis er nach Gallien abzurücken gedachte. Es werden durch diese späte Übersetzung wesentlich die von Cicero mehrfach ausgesprochenen Verdächtigungen entkräftet, dass Antonius die ihm übertragenen Heeresteile zu einem Blutbade in Rom hätte verwenden wollen; hat derselbe doch auch bei seinem Abmarsche von Rom nach Gallien trotz seiner bewaffneten Macht niemandem ein Leid zugefügt. — Die fünfte der macedonischen Legionen scheint einstweilen

---

1) Cf. Cic. F XII, 3 und meine Dissert. p. 23. 2) Appian III, 27 überliefert, dass Caius Antonius die Übersetzung geleitet habe; doch dieser konnte als stellvertretender praetor urbanus (Krause I p. 19) nicht wohl Rom so lange verlassen. Wahrscheinlich ist für Γαίῳ zu schreiben Λευκίῳ, cf. Cic. Phil. III § 31. 3) Cf. RA III, 503.

jenseits des Meeres stehen geblieben zu sein, da Cicero nur von vier nach Brundisium beorderten Legionen spricht, cf. F XII, 23, 2. Die fünfte Legion sollte wohl dem L. Antonius, der dem Antonius Verstärkungen und Proviant nachführen sollte, zur Bedeckung dienen.¹) Sie scheint erst Ende November oder Anfang December übergesetzt worden zu sein. Denn als Cicero am 20. December²) die III. Phil. hielt, war L. Antonius noch nicht in Gallia cisalpina, sondern noch auf dem Zuge durch Italien.¹)

Die vier vorher nach Brundisium geholten Legionen wurden durch Agenten des Octavian bearbeitet; sie waren unzufrieden mit dem geringen Geschenk des Antonius von 100 Drachmen pro Mann, während Octavian 500 Drachmen Handgeld bot.³) Um die Disciplin wieder herzustellen, liess Antonius einige Officiere und Soldaten töten⁴), darauf marschierte er selbst noch vor Anfang November⁵) mit der legio Alaudarum auf Rom zu, während die drei andern Legionen an der Küste hin nach Ariminum ziehen sollten: cf. Cic. A XVI, 8, 2: 'Misit (Octavianus) ad me Caecinam quendam . . qui haec pertulit, Antonium cum legione Alaudarum ad urbem pergere, pecunias municipiis imperare, legionem sub signis ducere. Consultabat, utrum Romam . . . an Capuam teneret et Antonium venientem excluderet an iret ad tris legiones Macedonicas, quae iter secundum mare superum faciunt, quas sperat suas esse.' In der That gingen zwei von diesen Legionen zu Octavian über, die legio Martia, welche in Alba Fucentia Quartiere bezog und die legio quarta, die kurz vor dem 28. November abfiel.⁶) Demnach standen dem Antonius bei seinem Einmarsche in Gallien ausser den Veteranen der Leibwache nur drei Legionen zur Verfügung, zwei davon führte er selbst, während die dritte mit L. Antonius nachzog. Mit dieser Berechnung stimmt auch Appian überein III, 46: 'καὶ ὁ στρατὸς ἦν αὐτῷ χωρίς γε τῶν νεολέκτων, τρία τέλη τὰ ἐκ Μακεδονίας μετάπεμπτα (ἤδη γὰρ αὐτῷ καὶ τὸ λοιπὸν ἀφῖκτο). — Die sechste der macedonischen Legionen führte Dolabella nach Asien, die Reiterei des Heeres sollte ihm folgen. Diese aber ging zu M. Brutus über, cf. Cic. Phil. X, 13.

---

1) Cic. Phil. III, 31. 2) RA III, 518. 3) Nic. Damasc. 31. Dio XLV, 13. 4) RA III, 516. 5) Cic. A XVI, 8, 2. 6) RA III, 516 und 517.

Zur Textkritik:
Cic. Phil. V, 7 p. 708
Cic. Phil. VIII, 27 p. 708 Anm. 1
Nicol. Damasc. C. 3 p. 674
„ „ C. 21 und 22 p. 682
„ „ C. 27 p. 680
„ „ C. 28 p. 681. 712
Appian III, 27 p. 721 Anm. 2.